• *Das Fell der Moschusochsen ist achtmal wärmer als Schafswolle*
• *Augen wie stahlblaues Eis: Huskys, die Schlittenhunde Alaskas*

vorhergehende Doppelseite:
Mit schimmernden Eisbrocken kündigt sich der Columbia-Gletscher des Prince William Sounds an

ALASKA
HIGHWAY NO.1

Fotos: Klaus + Erika Beer
Text: Manfred Köhler
Gestaltung Umschlag: Wolfgang Heinzel

Printed in EU
ISBN 3-7243-0336-X

ALASKA HIGHWAY NO.1

Erika und Klaus Beer · Manfred Köhler

terra magica

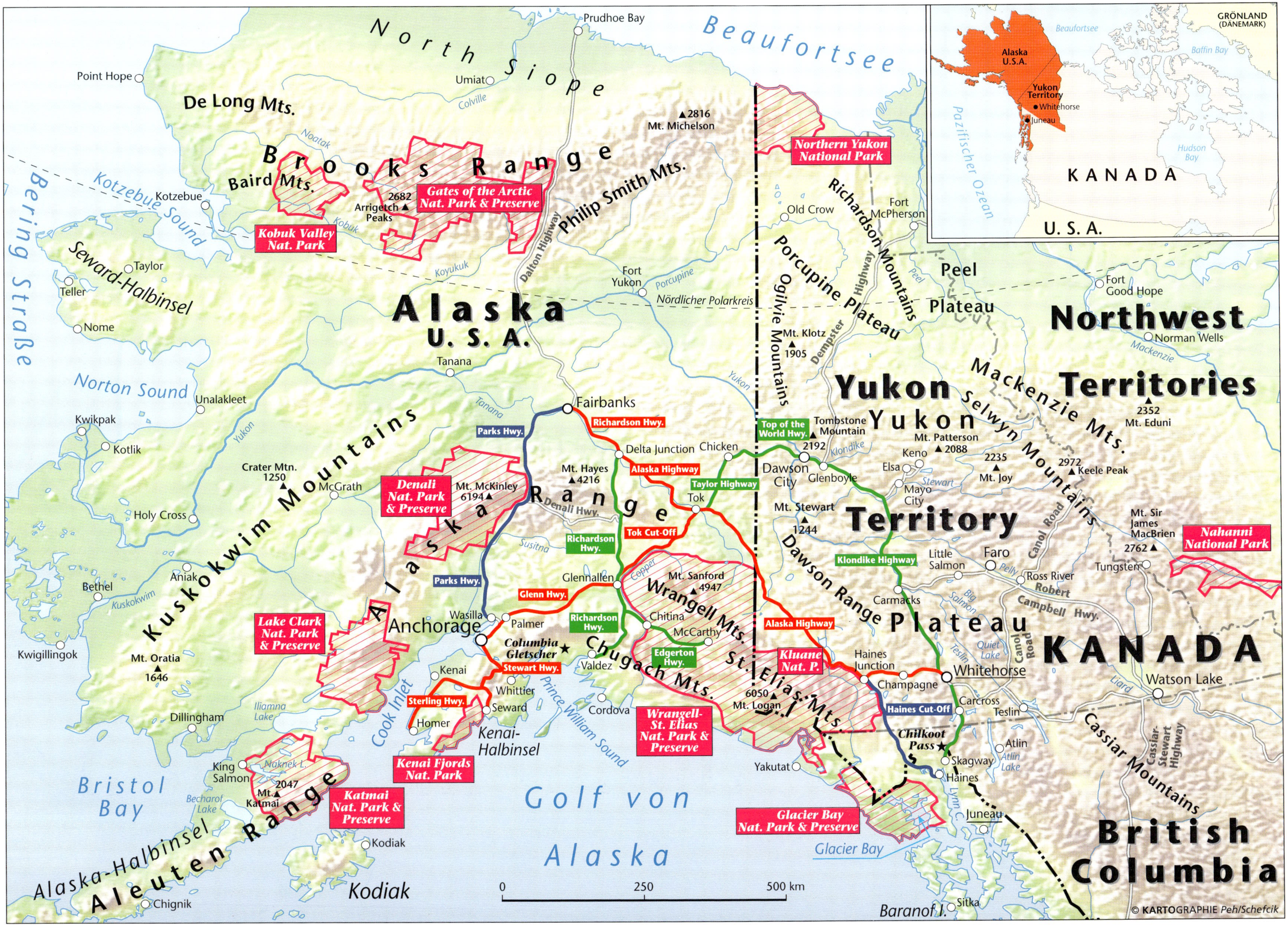

Beaufortsee
North Slope
Prudhoe Bay
Point Hope
Umiat
De Long Mts.
Brooks Range
Baird Mts.
Gates of the Arctic Nat. Park & Preserve
Kobuk Valley Nat. Park
2682 Arrigetch Peaks
2816 Mt. Michelson
Philip Smith Mts.
Dalton Highway
Northern Yukon National Park
Kotzebue
Kotzebue Sound
Bering Straße
Seward-Halbinsel
Taylor
Teller
Nome
Fort Yukon
Nördlicher Polarkreis
Alaska
U. S. A.
Tanana
Norton Sound
Unalakleet
Kwikpak
Kotlik
Crater Mtn. 1250
McGrath
Holy Cross
Kuskokwim Mountains
Aniak
Bethel
Kwigillingok
Mt. Oratia 1646
Dillingham
Bristol Bay
King Salmon
2047 Mt. Katmai
Katmai Nat. Park & Preserve
Aleuten Range
Alaska-Halbinsel
Chignik
Kodiak
Lake Clark Nat. Park & Preserve
Cook Inlet
Anchorage
Wasilla
Palmer
Kenai
Homer
Sterling Hwy.
Seward
Whittier
Kenai-Halbinsel
Kenai Fjords Nat. Park
Denali Nat. Park & Preserve
Mt. McKinley 6194
Alaska Range
Parks Hwy.
Fairbanks
Richardson Hwy.
Delta Junction
Alaska Highway
Mt. Hayes 4216
Denali Hwy.
Tok Cut-Off
Tok
Taylor Highway
Chicken
Glennallen
Glenn Hwy.
Columbia Gletscher
Stewart Hwy.
Valdez
Prince William Sound
Cordova
Chugach Mts.
Chitina
McCarthy
Edgerton Hwy.
Mt. Sanford 4947
Wrangell Mts.
Wrangell-St. Elias Nat. Park & Preserve
St. Elias Mts.
6050 Mt. Logan
Kluane Nat. P.
Golf von Alaska
Yakutat
Glacier Bay Nat. Park & Preserve
Glacier Bay
0 250 500 km
Baranof I.
Sitka
Juneau
Haines
Skagway
Chilkoot Pass
Haines Cut-Off
Haines Junction
Champagne
Whitehorse
Carcross
Teslin
Atlin
Top of the World Hwy.
Dawson City
2192
Tombstone Mountain
Glenboyle
Mt. Klotz 1905
Ogilvie Mountains
Porcupine Plateau
Dempster Highway
Richardson Mountains
Old Crow
Fort McPherson
Peel Plateau
Yukon Territory
Mt. Stewart 1244
Dawson Range
Klondike Highway
Carmacks
Little Salmon
Faro
Ross River
Robert Campbell Hwy.
Canol Road
Plateau
Keno
Elsa
Mayo City
Mt. Patterson 2088
2235 Mt. Joy
Selwyn Mountains
2972 Keele Peak
Mackenzie Mts.
Northwest Territories
Fort Good Hope
Norman Wells
2352 Mt. Eduni
Mt. Sir James MacBrien 2762
Tungsten
Nahanni National Park
Watson Lake
KANADA
Cassiar Mountains
Cassiar-Stewart Highway
British Columbia
Alaska U.S.A.
Yukon Territory
Whitehorse
Juneau
Beaufortsee
Pazifischer Ozean
Baffin Bay
Hudson Bay
GRÖNLAND (DÄNEMARK)
U. S. A.
© KARTOGRAPHIE Peh/Schefcik

Textinhalt

Zur Gliederung dieses Buches

Jedes der sechs Kapitel dieses Buches beginnt mit der Beschreibung eines Streckenabschnitts, mit einem kurzen Abriss über die Besonderheiten des Highways und der Landschaften und Städte, die er verbindet. Der Streckenbeschreibung folgen Geschichten über Menschen, die dort leben. Die Auswahl ist willkürlich. Geschildert sind Zufallsbegegnungen, die jeder machen kann, der den Straßen Alaskas und Yukons folgt.

Das Netz von Highways, das in diesem Buch beschrieben wird, hat die Form einer liegenden, etwas zerbeulten Acht. Mittelachse, zentraler Bezugspunkt und auch Thema dieses Bildbandes ist der Alaska Highway, der sich von Fairbanks in der Mitte Alaskas nach Südosten erstreckt; das vorliegende Buch ist Band eins einer Serie über den Alaska Highway und behandelt den ersten Abschnitt bis Whitehorse, der Hauptstadt Yukons. Vom Alaska Highway ausgehend werden fünf große Abstecher beschrieben: der Parks Highway (Alaska / Highway Nr. 3) von Fairbanks bis Wasilla, der Richardson Highway (Alaska / Highway Nr. 4) von Delta Junction bis Valdez, der Glenn Highway (Alaska / Highway Nr. 1) mit seinen Ausläufern Tok Cut-Off, Sterling Highway und Seward Highway und schließlich Haines Cut-Off (Yukon / Highway Nr. 3) sowie Klondike Highway (Yukon / Highway Nr. 2).

Plötzlich steht ein Elch vor Ihnen

Alaska bereisen heißt: Aufräumen mit Klischeevorstellungen. Alle im Kopf vorgefertigten Bilder schnellstens über Bord werfen. Denn Alaska ist ganz anders. Das Land der «ewigen Kälte», der Schlittenhunde, Eskimos und Iglus präsentiert sich in der Sommerzeit mit 30 Grad Hitze und Baden im Eismeer; der Frühling beginnt bereits dann, wenn bei uns späte Aprilstürme Stadt und Land in graues Nieselwetter hüllen. Alaska bereisen bedeutet aber auch, sich der ungebändigten Natur zu stellen, aufziehende Wetter zu ertragen, Sonnenstrahlen nachzujagen, dicken Wolkenbänken zu entfliehen und vergeblich den Nebel durchdringen zu wollen, hinter dem sich der höchste Berg Nordamerikas, der Mount McKinley (von den Ureinwohnern *Denali* genannt) verbirgt.

Dann aber, wenn die Wolken aufreißen und die Mitternachtssonne das Land mit Licht überflutet, kann man eine der ursprünglichsten und märchenhaftesten Regionen unserer Erde erleben. Alaska aber ist auch das Land der Gegensätze in der extremsten Form. Hier reist man schon mal in Hippiemanier in einem alten Schulbus, in dem sich Computer, Laserprinter und Hightech bis zum Dach stapeln, durch die Lande. Karen Tayler hat es drauf. Sie verkauft Kaffee mit leckeren Sahnehäubchen, fotografiert die Rafting-Gruppen und druckt die Fotos wenige Minuten später im Bus aus. *Business made in Alaska.*

Ähnlich der CD-Rom «Route 66» oder des Bildbandes «Highway 50» ist der «Alaska Highway» der Leitfaden unserer Reise. Entlang diesem Asphaltstreifen und seinen Nebenstraßen erlebt man nicht nur die schneebedeckten Berge und grandiosen Gletscher, die sich teilweise bis in die Nähe der Straße schieben, sondern auch die unendlichen Weiten, dramatische Bergwildnis, stille Fjorde, einsame Tundra. Und Bär, Elch und Karibu, glasklare Bäche, in denen sich fette Lachse tummeln, Orte mit zerknitterten, von Permafrost und Morast halb verschluckten Häusern, die Totempfähle der Tlingit-Indianer.

Unsere Reise führt nach Dawson City in Yukon, folgt den Spuren des Chilkoot Trail und führt mitten hinein in die Relikte des Goldrausches am Klondike. Klaviergeklimper und Pulverdampf, man wäre nicht überrascht, würde man dieses an der nächsten Straßenecke erleben.

Die Landschaften jedoch verblüffen: Sanddünen, ähnlich denen der Sahara, und ein Meer aus Blüten stehen im Gegensatz zu kristallenen Wänden aus blau schimmerndem Eis und kalbenden Gletschern, die das Meer zum Brodeln bringen.

Chicken, vier Bretterbuden, drei Hühner, ein Saloon, mit Hunderten von Baseballkappen an der Decke. Als wir ankommen, wird gerade ein geröstetes Schwein zerlegt, werden Bierdosen geknackt. «Independence Day». Wortfetzen: «25 Prozent ... ich beteilige dich ... Ehrenwort ... die alte Goldmine ist das wert, ho, ho, ho ...»

Der alte Prospektor, der mit einem großen Messer Fleischreste aus den Zähnen pult, redet auf einen jungen Australier ein, der eigentlich nur auf einen Drink Halt gemacht hat und nun schon seit einer Woche hier rumhängt. Dann Skagway, die «Mascot Bar», Cancan-Girls, eine Flasche «Black Bird Gin» macht die Runde. Hier war 1897 der Teufel los. Jim Richards spielt in der Eagle's Hall seit 26 Jahren den Banditen Soapy Smith. Blitzende Zähne, hervorstehende Wangenknochen, rabenschwarzes Haar. Jim passt haargenau zu den Figuren auf dem vergilbten Schwarzweißbild an der Wand. Oder die Leuchtturmkneipe in Homer. Auf dem Boden Sägespäne, in den Ritzen der alten Balken Visitenkarten aus aller Welt, voll gekritzelte Dollarscheine und Damenhöschen an den Rettungsringen. Ein Stelldichein für Seebären, Abenteurer – und Touristen.

So sind es immer wieder die Menschen, die neben den Naturschönheiten das Bild des Landes zeichnen. Geschichten, Lebensgeschichten von Fischern und Trappern, die es auch heute noch gibt, von Käuzen, Originalen, Lebenskünstlern und ganz normalen Familien, die inmitten der Einsamkeit der Wälder leben und deren Kinder jeden Tag mit dem Schulbus drei Stunden Fahrt auf sich nehmen. «Meine Kinder lieben die Einsamkeit, doch es ist gut für sie, immer wieder rauszukommen, sie müssen sich inmitten Gleichaltriger bewähren», sagte uns zum Beispiel Diane Shepard bei Chitina, die mit ihrem Mann, ihren drei Kindern und einem Dutzend Pferde auf der Road Farm mitten im Busch lebt. Etwas abseits des Glenn Highway haust der Athabaske Leonard Menka mit seinen 24 Huskys. Er hat sein Fahrrad in eine Birke gehängt, und sein Lieblingsplatz ist die Karosserie seines rostigen Dodge. Auf ihr philosophiert er mit einem Kaffeetopf in der Hand über Gott, die Welt und die ägyptische Sphinx. Und wenn dann seine Phantastereien in einem Vulkan kraftvollen indianischen Gesangs explodieren und er sich in Trance summt und schreit, verstummen für Minuten sogar seine heulenden Huskys ...

Clare Hewson mit wilder Haarmähne und Bart, weiß wie der Schnee Alaskas, ging nicht nur für die Bilder mit mir zum Yukon. Er war stolz, mir zeigen zu können, wie schnell es ihm gelingt, ein paar Goldkrümel aus dem Sand zu waschen. Dann war da Ray Atkins, Buschpilot im Denali National Park. Er schoss aus drei Meter Entfernung einem plötzlich aus dem Dickicht brechenden Grizzly mitten ins Auge, und der Redakteur der *Anchorage Daily News*, George Bryson, erzählte uns von seiner Begegnung mit dem weltberühmten Schriftsteller James A. Michener, den er bei den Recherchen zu seinem Roman *Alaska* begleitete. Menschen in Alaska.

In Anchorage war eine junge Dame von der Kameraausrüstung ganz hin und weg, wollte unbedingt fotografiert werden. «Ich bin Eskimo», sagte sie und stellte sich in Hollywoodmanier immer wieder in Pose. Nicht in Fell und Schneeschuhen, sondern in engen Jeans und mit tiefem Dekolleté.

Eine Ur-Alaskanerin (Inuit nennen sich die Eskimos) mit Ausschnitt statt Fellparka – zu Sommerzeiten gibt's in Alaskas Metropole Anchorage manchmal tropische Temperaturen

Dieser Bildband soll mit seinen Fotos und Geschichten ein Alaska zeigen, das nicht geprägt ist von Bildern, die nur durch ein Lotterieverfahren zur Einfahrt in einen Nationalpark oder einem kostspieligen Flug zu Lachse fangenden Bären gewonnen werden können. Die Erlebnisse sind nachvollziehbar, jedem möglich, der sich diesem silbernen Band anvertraut, das durch Nordkanada und Alaska zu den letzten Wildnisregionen unserer Erde führt, die heute weitgehend noch so ursprünglich sind wie zur Zeit der Entdecker. «Last Frontier» nennen die Amerikaner ihre «Eisbox», die letzte Grenze für Abenteurer und Pioniere. Erleben Sie den Mythos Alaska entlang dem Alaska Highway, der heute keine achsenmordende Piste mehr ist, jedoch noch immer alle Träume von Freiheit und Abenteuer in sich birgt und in der Fortsetzung dieses Bildbandes weiter bis nach British Columbia in Kanada führt.

Klaus Beer
Bildautor

Land der Gegensätze

Ein Richter legt die Robe ab und streicht im Blaumann einen Flugzeughangar. Ein Heilbutt-Fischer jobbt im Winter als Eheberater. Ein arbeitsloses Pärchen bricht auf zu einer Weltreise und bezwingt den Alaska Highway mit dem Fahrrad.

Dieses Buch stellt Menschen vor, wie sie in Alaska und Yukon an jeder Ecke anzutreffen sind: Lebenskünstler, schrullige Einsiedler, aber auch Stadtmenschen, die ganz normalen Berufen nachgehen – und trotzdem ein bisschen anders leben und denken, weil in Alaska und Yukon eben auch große Städte nicht in weiträumig erschlossenen Gebieten, sondern mitten in der Wildnis liegen. Aus den unterschiedlichsten Gründen haben sich diese Menschen in Alaska oder Yukon niedergelassen, sei es wegen der Freiheit und Weite, wegen der Landschaft und Tierwelt, weil es familiärer und gemütlicher zugeht, um als Selbstversorger zu leben, um Steuern zu sparen oder weil sie die Army hierher versetzt hat.

Auch die Touristen, die man unterwegs trifft, sind selten einfach nur Urlauber. Da ist zum Beispiel der krebskranke Kalifornier, der es sich zum Ziel gesetzt hatte, im Falle seiner Genesung mit dem Sohn auf Angeltour durch Alaska zu gehen – der tatsächlich wieder gesund wurde und sich den Wunsch erfüllte. Da sind die vier jungen Deutschen, die sich bei einer Kneipenzechtour gegenseitig zu einem Trip durch Alaska hochgeredet haben und nun ein wenig ängstlich und deplatziert in einer Autovermietung bei Anchorage sitzen, die Tour unmittelbar vor sich. Oder da sind die Studenten aus dem Süden Kanadas, die dem Massenbetrieb ihrer Universitätsstädte entfliehen und sich Ferienjobs in der Einsamkeit Yukons suchen.

Es sind die Gegensätze, die den äußersten Nordwesten Amerikas so reizvoll machen – und die vielen unterschiedlichen Lebensweisen, die hier nicht unabhängig gepflegt, sondern beliebig kombiniert werden. Alaska und Yukon, hier findet man Wildnis, aber man findet auch alle Errungenschaften der Zivilisation, und das nicht nur in den großen Städten, sondern überall entlang den Highways. Die Menschen, die hier leben, müssen sich nicht entscheiden, ob sie Urwald wollen oder Technik, Einsamkeit oder Gemeinschaft, denn beides liegt unmittelbar beieinander: In den Ortschaften ist das moderne Amerika zu Hause, zehn Meter weiter eine Wildnis, so rau und unerschlossen, wie sie die ersten Siedler vorfanden.

Mühelos integrieren die Bewohner Alaskas und Yukons die Gegensätze in ihr Leben, bilden aus Tradition und Fortschritt die Kombination, die ihnen selbst am meisten zusagt. Hier kann man Ureinwohner treffen, die in der historischen Tracht ihrer Vorfahren am Computer sitzen, das Fleisch eines selbst gefangenen Wals essen und dazu Diätcola trinken. Man kann dem Trapper begegnen, der zwar in einer abgelegenen Blockhütte leben, aber nicht auf Auto, Schneemobil, Telefon und Fotoapparat verzichten möchte. Und man kann abseits des Highways in ein Goldgräber-Camp für Touristen gelangen, in dem zwar in Zelten gehaust wird, an Ort und Stelle aber eine Laminiermaschine steht, mit der die Nugget-Funde der Urlauber auf kleinen Kärtchen in Goldpfannenform zum Andenken eingeschweißt werden.

In großformatigen Farbbildern und einfühlsamen Geschichten dokumentiert dieser neue terra-magica-Bildband den ersten Abschnitt des Alaska Highway und spiegelt darüber hinaus eine faszinierende Rundreise durch Alaska und Yukon wider, eine abenteuerliche Tour durch das Land der Grizzlys, Wale, Weißkopfseeadler und Elche – mitten hinein in das letzte Pionierland Amerikas.

Manfred Köhler
Textautor

Die Autorengruppe: Klaus und Erika Beer, Manfred Köhler

Von Fairbanks nach Whitehorse

Bilder nächste Doppelseite:
• *In Yukon ist das Weideröschen die Nationalblume des Landes*
• *In Haines Junction, Yukon, sind die Straßenschilder, wie in den Zeiten des Highway-Baus, noch aus Holz*
• *Land der Elche: Überall in Alaska und Yukon schmücken die Einwohner ihren Besitz mit Gehörnen*
• *Erst aus der Luft begreift man richtig, wie urtümlich und wild der amerikanische Norden auch heute noch ist*

Dicht verfilzter Urwald, Schlamm und Permafrost – die Hindernisse, die dem Bau einer Landverbindung zwischen den Vereinigten Staaten und Alaska im Weg standen, waren so gewaltig, dass seit Anfang des Jahrhunderts zwar immer wieder darüber diskutiert, das Projekt aber stets zurückgestellt wurde. Anfang der Vierzigerjahre musste es dann von heute auf morgen gehen. Am 7. Dezember 1941 hatten die Japaner Pearl Harbor bombardiert, es galt, einer möglichen Invasion über Alaska zuvorzukommen. Am 2. Februar 1942 wurde die Route festgelegt, schon einen Monat später rollten die ersten Baukommandos nach Dawson Creek in British Columbia, wo die Eisenbahnlinie Richtung Norden endete. Zu rein militärischen Zwecken sollte von hier aus ein befestigter Weg bis hoch nach Fairbanks in der Mitte Alaskas gebaut werden. Die Herausforderung war ungeheuerlich – doch der Zeitdruck trieb die Straßenbauer voran. Schon acht Monate und zwölf Tage später war die Piste durch den Urwald geschlagen.

Natürlich waren die Bauarbeiten mit der Fertigstellung nicht abgeschlossen. Regen und Schnee, Wärme und Frost nagten unentwegt an der Piste, ständig gab es etwas auszubessern oder wieder herzustellen. 1948 wurde die Strecke für den Zivilverkehr freigegeben, aber im selben Jahr wegen der hohen Zahl von Fahrzeugschäden wieder geschlossen. 1949 war die Straße so weit in Schuss, dass sie abermals eröffnet werden konnte. Schritt für Schritt wurde der Alaska Highway seitdem zu einer modernen Fernstraße mit Tankstellen, Motels und Restaurants ausgebaut.

Wo der Alaska Highway offiziell beginnt, ist unumstritten: Meile 0 liegt bei Dawson Creek, der Stadt, in der 1942 der Bau begann. Das offizielle Ende in Alaska nehmen zwei Städte in Anspruch, Delta Junction mit einer Gedenksäule bei Meile 1422 und Fairbanks mit einer ähnlichen Markierung bei Meile 1523. Tatsache ist, dass 1942 der Alaska Highway nur im Bereich zwischen Dawson Creek und Delta Junction neu gebaut werden musste; der Streckenabschnitt von Delta Junction bis Fairbanks existierte bereits – als Teil des Richardson Highway, der von Valdez nach Fairbanks führt. Tatsache ist aber auch, dass dieser Richardson Highway heute nur von Valdez bis Delta Junction die Straßennummer 4 trägt und dass sich die Nummer 2, die für den Alaska Highway vergeben ist, von der Grenze Alaskas bis Fairbanks durchgehend fortsetzt. Denn von Anfang an war Fairbanks als Endpunkt der Straße gedacht.

Wie auch immer, wer den Highway von Alaska aus bis hinunter nach Dawson Creek fahren will, sollte auf jeden Fall in Fairbanks starten. Aber nicht gleich losfahren! Denn Fairbanks und Umgebung, mit rund 85 000 Einwohnern das zweitgrößte Ballungsgebiet Alaskas, sind allein schon einen Urlaub wert. Die Stadt gilt als Tor zum weltberühmten Denali National Park, ist Ausgangspunkt des Dalton Highway, der entlang der Pipeline bis Prudhoe Bay an der Nordküste Alaskas führt – und nicht zuletzt ist auch in Fairbanks selbst eine Menge zu erleben. Der Vergnügungspark «Alaskaland» zum Beispiel gibt in unterhaltsamer Form Auskunft über Geschichte und Gegenwart des Staates. Eine originalgetreue Eskimo-Siedlung findet sich dort ebenso wie eine kleine Westernstadt, die aus alten Gründerzeit-Häusern errichtet worden ist. Ein wenig abseits von Fairbanks liegt North Pole, die Heimat des Weihnachtsmannes. Ursprünglich sollte North Pole ein Zentrum der Spielzeugindustrie werden; als dieser Plan scheiterte, machten findige Unternehmer einfach ein Weihnachtswunderland daraus. Kinder aus der ganzen Welt schicken jedes Jahr zur Weihnachtszeit ihre Wunschzettel hierher nach North Pole. Antwort erhalten sie vom Nikolaus persönlich, einem Schauspieler, der im «Santa Claus House» für Weihnachtsstimmung sorgt – oder von den Kindern von North Pole, die sich dabei in die Rolle von Elfen versetzen.

Schon auf den ersten Meilen des Alaska Highway, gleich hinter Fairbanks, hat der Reisende die Alaska Range schräg vor sich, ein gewaltiges, weiß verschneites Gebirgsmassiv, zu dem auch der höchste Berg Nordamerikas, der 6194 Meter hohe Mount McKinley gehört. Weit verstreut sind die Attraktionen von Delta Junction, einem Örtchen mit 700 Einwohnern: das Büffelgehege, die Froschfarm, das Freilichtmuseum «Rika's Roadhouse», die Säule «End of Alaska Highway» – auf einer Übersichtskarte mit kleinen Häusern, Tieren, Menschen und einem verzweigten Straßennetz ist alles zu einer kleinen Stadt gebündelt.

Auf langen Geraden und durch dichten Mischwald erreicht der Alaska Highway die Kleinstadt Tok, eine umbaute Straßenkreuzung mit Andenkenläden, Motels und Restaurants. Der Highway 1 Richtung Anchorage zweigt hier ab; und der Tay-

ALASKA HYWAY

KATHLEEN

lor Highway, der sich im «Top of the World Highway» fortsetzt und zur Goldgräberstadt Dawson City führt.

Hinter Tok begleitet ein Wald schwarzer, kahler Fichtenstämme den Highway. Acht Wochen lang wütete hier im Sommer 1990 ein Waldbrand. Eine Armee von Feuerwehrmännern aus ganz Amerika und Kanada kämpfte vergeblich, bis an die ersten Häuser von Tok drang das Feuer vor, alles schien schon verloren; im letzten Moment aber drehte der Wind und die Stadt war gerettet.

Eine schmale Kerbe in der Wildnis ist der Highway hinter Tok, nur alle paar Meilen zeigen einsame Briefkästen am Straßenrand an, dass sich hier Menschen in der Einsamkeit verstecken. Mächtig thronen zur Rechten die Wrangell Mountains mit dem Mount Wrangell, dem höchsten aktiven Vulkan Alaskas. Auch wenn man das Bergmassiv schließlich hinter sich lässt und das Land flacher wird – die Natur ist hier überall entlang dem Highway grandios.

Jenseits der Grenze zu Kanada trägt der Alaska Highway statt der 2 die Nummer 1. Viele Wohnmobile begegnen hier dem Reisenden und viele Radfahrer schinden sich durch das weiträumige Hügelland. 5951 Meter ragt der höchste Berg Kanadas, der Mount Logan, rechts des Highways in den Himmel. In Burwash Landing kann man sich vor der größten Goldwaschpfanne der Welt fotografieren lassen. Von hier ab begleitet der paradiesische Kluane Lake die Straße. In dieser Gegend lebt die größte Grizzly-Population der Welt. Gut sind daher die Aussichten, eines der Tiere direkt am Straßenrand beobachten zu können. Aussteigen sollte man auf keinen Fall: Immer wieder werden hier allzu leichtsinnige Wanderer von Bären angefallen und getötet.

Ein sehenswertes Relikt kann in Haines Junction besichtigt werden. Ein alter Wellblechschuppen aus der Zeit des Highway-Baus wurde 1954 mit einem Türmchen versehen und zu einer katholischen Kirche ausgebaut. Dieses Kirchlein

Hotel in Fairbanks: In dieser Stadt endet der Alaska Highway

Bilder nächste Doppelseite:
- *Eine Polizistin und ein Polizist von Kanadas Mounted Police haben ihr Maskottchen in die Mitte genommen*
- *In North Pole bei Fairbanks ist der Weihnachtsmann zu Hause. Während des ganzen Jahres können Kinder auf seinem Schoß ihre Wünsche vortragen*
- *Mit der Harley zum Frühstück – Schnappschuss in Yukons Hauptstadt Whitehorse*
- *Besondere Augenweide bei jeder Parade in Whitehorse: Can-Can-Girls mit Federschmuck und bunten Röcken*

namens «Our Lady of the Way» gilt als das meistfotografierte Gotteshaus in Yukon.

Zwei Möglichkeiten gibt es von Haines Junction aus, Yukons Hauptstadt Whitehorse zu erreichen: den sehr lohnenden Umweg über die Küstenstädte Haines und Skagway, die durch eine Fährlinie verbunden sind – oder den direkten Weg über den Alaska Highway. Egal, welche Route man nimmt, man begegnet überall den Spuren des Goldrausches von 1898. In Whitehorse werden die verschiedenen Jubiläen in Zusammenhang mit dem Ansturm der Goldsucher bis ins Jahr 2000 hinein gefeiert.

Die Stadt ist entstanden als Verknüpfungspunkt der im Juli 1900 fertig gestellten Eisenbahnlinie von Skagway und der Schiffsverbindung zum Yukon. Auch ihren zweiten Boom erlebte sie als Verknüpfungspunkt eines Verkehrsweges: Whitehorse war während der Bauzeit des Alaska Highway Hauptquartier der Konstrukteure des westlichen Abschnitts. Von hier aus wurde ab April 1942 die Schneise Richtung Alaska geschlagen. Bei Whitehorse wurde schließlich auch der westliche Abschnitt mit der Trasse verbunden, die vom Südosten her Richtung Alaska gebaut worden war – und der Alaska Highway damit vollendet.

Der Weihnachtsmann als Autoknacker

Es sind nicht mehr viele Kinder, die ihre Wunschlisten an den Nikolaus noch mit der Hand schreiben und Fahrräder, Bücher oder Schokolade erbitten. In der Mehrheit sind es Computer-Kids, und die reichen exakt formatierte, lasergedruckte vierfarbige Briefbögen ein. Gewünscht werden: Roller Blades, Power Ranger, De Luxe Super Zeo Mega Zord ...

Da muss selbst der Nikolaus grinsen. Keine Ahnung, ob das Ding in der Weihnachtswerkstatt vorrätig ist. Zum Glück braucht er auch nicht danach zu suchen. Seine Aufgabe ist es, die Eltern weihnachtlich zu stimmen, damit sie den Kleinen die Geschenke selber kaufen. Täglich nimmt er zu diesem Zweck Dutzende von Kindern auf die Knie, zuweilen auch mal die eine oder andere ältere Dame, und lässt sich mit ihnen fotografieren. Wenn gerade niemand Schlange steht vor seinem Thron, liest er die Briefe, die aus aller Welt bei ihm eintreffen, hier im Dauerweihnachtsladen «Santa Claus House» von North Pole bei Fairbanks. Der Weihnachtsmann nimmt einen tiefen Schluck von seiner Coke, lächelt lieb und erleichtert sich mit einem herzhaften Rülpser.

«Mein wirklicher Name?» Auf solche Fragen ist der Nikolaus vorbereitet. Verschmitzt zwinkernd zückt er einen Ausweis. Name: Kris Kringel. Geburtsort: Maryland. Alter: 45. Auf dem Passbild: das Weihnachtsmanngesicht.

Er sieht ja auch wirklich so aus, wie man sich den Weihnachtsmann vorstellt: wuchtige Statur, rosige Backen, Lachfältchen, warmes Lächeln, lautes und rollendes Lachen: Hohohohohohoho ...

An diesem Tag hat er seine Mütze vergessen und die falsche Brille aufgesetzt. Fotografieren lässt er sich dennoch, bittet aber darum, am nächsten Tag noch mal wiederzukommen und die Aufnahmen zu wiederholen. Er würde sich dann auch neben das Rentier stellen.

Am nächsten Tag hat Kringel zwar die Mütze dabei, doch der junge Mann mit dem Schlüssel zum Rentiergehege hat Urlaub. So kann Santa Claus sein Rentier nur durch den Drahtzaun streicheln. Doch der Weihnachtsstimmung, die dieser Mann verbreitet, tut auch das hässliche Metallgitter keinen Abbruch. Kris Kringel – oder wie immer er heißen mag – hat das Aussehen, die Güte, die Wärme, den Humor, die weihnachtliche Aura. Selbst die meisten Erwachsenen schauen andächtig. Die Kinder sind vor Ehrfurcht wie erstarrt.

In der Lebensgeschichte Kringels finden sich ein paar realistische Passagen, ansonsten hört sich die Story an wie ein Weihnachtsmärchen. Als junger Mann habe er mit seinem Truck Spielzeug in ganz Amerika geliefert und von seinem Lohn das Jahr über Geld abgezweigt, um zur Weihnacht Spielsachen für arme Kinder kaufen zu können. Dann habe er in Alabama ein paar Jahre allein im Wald gelebt und irgendwann, derweil der Bart so vor sich hin wuchs, seine verblüffende Ähnlichkeit mit Santa Claus entdeckt. Als die Kunde zu ihm drang, dass es in Alaska einen Ort namens North Pole gebe, habe er sich gedacht: Dort werde ich bestimmt gebraucht!

Das Weihnachtswunderland North Pole hatte zwar schon einen Nikolaus-Darsteller; den geheimnisvollen Mann aus den Wäldern Alabamas aber wies man dennoch nicht ab. Seitdem ist Kris Kringel Santa Claus und Santa Claus ist Kris Kringel. Und weil Gott ihn so gemacht habe, wie er sei,

SALOON
BREAKFAST
$3.99
ALL-DAY
Yukon

Auch aus Baumstämmen lassen sich mehrstöckige Gebäude errichten – wie dieser hölzerne «Wolkenkratzer» in Whitehorse beweist

wolle er auch so sein, wie er gemacht wurde. So kauft Kris Kringel von seinem Verdienst als Kaufhaus-Weihnachtsmann viele Briefmarken und klebt sie auf die vielen Briefe, mit denen er in seiner Freizeit die Zuschriften der vielen Kinder aus aller Welt beantwortet.

Nicht nur für die Kleinen ist dieser Weihnachtsmann da, er hilft auch Erwachsenen, zum Beispiel wenn sie den Autoschlüssel verloren haben. Auf dem Parkplatz hinter dem Weihnachtsladen. Die Autofahrer in ihren Shorts können es kaum glauben. Da kommt bei 30 Grad Hitze Kris Kringel in seiner fellbesetzten Weihnachtskluft daher, die rote Mütze auf dem Kopf, ein nervös gestikulierendes Ehepaar hinter sich und in der Hand ein langes silbernes Etwas. Gezielt sticht er die Drahtschlinge durch die Türisolierung des Autos und fischt nach dem Verschluss. Leider erfolglos.

Kringel gibt auf und hilft lieber beim Schlüsselsuchen.

Früchte-Frühstück von der Malerin

Wenn Gäste im Haus sind, kommt der Hund ins Schwitzen. Gerade in die Fremdenzimmer im kühlen Kellergeschoss nämlich zieht sich Buffy gerne zurück, wenn es oben zu heiß wird. Da die beiden Doppelbettzimmer der «Pension Reem» aber oft belegt sind, lungert er im Sommer meistens hechelnd in der warmen Küche herum.

Und das in einer Stadt, die als Eisloch der Nation gilt. In Fairbanks, wo Bonie und Richard Reem zu Hause sind, wird es im Winter schon mal minus 50 Grad kalt. Die Sonnenuntergänge gelten als märchenhaft in dieser Zeit.

Das Nebeneinander von brutaler Kälte und Winterzauber übt eine seltsame Anziehungskraft aus. Nicht erst seit die Reems Anfang der Siebzigerjahre nach Fairbanks gekommen sind, wächst die Stadt stetig. Natürlich hat das auch mit der Trans-Alaska-Pipeline zu tun, die sich auf ihrem Weg von Prudhoe Bay nach Valdez durch Fairbanks windet; für Bonie und Richard Reem aber sind es die Schönheit und Weite des Landes rund um ihre Heimatstadt, die auf so viele Menschen anziehend wirken.

Und sie nicht mehr loslassen. Als Militärarzt war Richard Reem mit seiner Frau nach Fairbanks gekommen. 1972 schied er aus der Army aus und ließ sich in Montana mit einer eigenen Praxis nieder. Doch Alaska, so sagen die Reems, war zu einem Teil von ihnen geworden. Und so kehrten sie bald zurück nach Fairbanks. Richard Reem arbeitete als Kinderarzt, Hobbymalerin Bonie Reem verbesserte ihren Stil durch Privatstunden und wurde Künstlerin. Ihre Blumen- und Landschaftsgemälde hat sie in den 25 Jahren ihres Schaffens bei vielen Ausstellungen gezeigt und auch verkauft.

Inzwischen geht das Leben einen Gang ruhiger bei den Reems. Die drei Kinder sind erwachsen und nach Anchorage gezogen. Richard Reem hat sich weitgehend aus seinem Beruf verabschiedet, springt nur noch als Urlaubsvertretung für seine Kollegen ein. Bonie Reem malt und betreibt die kleine Pension im Kellergeschoss des Privathauses, bereitet für ihre Gäste jeden Morgen ein Vollwert-Frühstück mit Früchten aus eigenem Anbau, selbst gemachtem Sirup und Sauerteigwaffeln nach einem in Jahrzehnten vervollkommneten Rezept. Sind keine Gäste zu bewirten, vertreiben sich die Reems ihre Zeit mit Kartenspielen und Lesen oder besuchen Bibelstunden. Ein Leben, wie es Stadtmenschen überall in Amerika führen.

Dass dieses Stadtleben hier aber von Urwald eingeschlossen ist, dass Fairbanks in einem Land liegt, das wegen seiner Wildheit und Größe Menschen aus aller Welt anzieht, haben die Reems nicht vergessen. Seit Richard im Ruhestand ist, haben sie einen Pakt geschlossen: Jedes Jahr wollen sie künftig einen Teil ihres Staates intensiv erforschen. Der Glacier Bay National Park war es im ersten Jahr der Vereinbarung, dann folgte die Stadt Seward. Der Eifer, sich mit der Identität Alaskas vertraut zu machen, reicht inzwischen über touristische Ausflugsfahrten hinaus. Richard und Bonie Reem, die Stadtmenschen aus Fairbanks, haben sich hinaus in den Busch gewagt und gelernt, wie man Gold wäscht.

Deutsche Ehe auf Kluanisch

Die Vermählung war typisch Kluanisch: Braut und Bräutigam trugen Arbeitsoveralls und der Hochzeitskuchen wurde mit der Kettensäge angeschnitten.

Bilder nächste Doppelseite:
- *Die Wellblech-Kirche «Our Lady of the Way» in Haines Junction ist ein Relikt des Highway-Baus und gilt als meistfotografiertes Gotteshaus in Yukon*
- *David und Marylyn Haxby aus Bradford in England wollen den Alaska Highway per Fahrrad bezwingen*
- *Achim Obermeier aus Burwash Landing fertigt aus verformtem Fichtenholz kunstvolle Andenken*

LADY
OF THE WAY

ALASKA HWY

Dem heiteren Treiben folgte erst mal Ernüchterung. Weil ihr frisch angetrauter Gatte Achim durchgehend in der Stadt zu arbeiten hatte, musste das Kölner Großstadtkind Karin Obermeier den ersten Winter allein in dem winzigen Örtchen Burwash Landing am Kluane Lake in Yukon verbringen – und das bedeutet acht Monate klirrende Kälte und Tage so dunkel, dass sie kaum von der Nacht zu unterscheiden sind.

Zu allem Überfluss war die Braut auch noch ohne Wintersachen in ihrer neuen Heimat eingetroffen. Doch dadurch erschloss sich ihr gleich die Freundlichkeit ihrer Nachbarn: Jeder im Ort gab irgendein Kleidungsstück, bis sie eine hinreichende Winterausrüstung zusammenhatte.

Die deutsche Eheschließung unter kluanischem Himmel hat eine lange Vorgeschichte. Im Alter von elf Jahren floh der gebürtige Erfurter Achim Obermeier in einem Güterzug aus der damaligen DDR. Mit der Deutschen Handelsmarine und später auch unter ausländischer Flagge befuhr er die Meere, ließ sich schließlich in Ontario nieder, gründete eine Fallschirmspringerschule, schloss sie wieder, arbeitete in Raffinerien und Kraftwerken, befasste sich mit Holz und erfand schließlich ein neues Verfahren zur künstlerischen Bearbeitung von wasserkopfartigen Auftreibungen an Fichtenstämmen, den so genannten *Burls*. Mit diesem Prinzip, das er *Woodshaping* nennt, machte er sich in Burwash Landing selbständig. Seitdem fertigt er Schalen, Kerzenständer und allerlei andere nützliche Dinge aus dem aufgeblähten Holz und verkauft sie im eigenen Geschäft am Alaska Highway. Über mögliche Ursachen der Verkrüppelung und das, was sich dank ihr alles mit dem Holz anstellen lässt, hat Achim Obermeier sogar ein Buch geschrieben.

Seine heutige Frau Karin kam eines Tages als Mitglied einer Kölner Reisegruppe in den Laden. Seinetwegen machte sie noch siebenmal Urlaub in Burwash Landing – bis sie dann ganz zu ihm zog.

Gemeinsam haben die Obermeiers das Knorpelbaumgeschäft so richtig aufgezogen. Während Karin die Kunden im Laden betreut, sorgt Achim in der Werkstatt für Nachschub. Und das geht inzwischen schon nicht mehr schnell genug angesichts der großen Nachfrage: Obwohl Achim Obermeier im Winter vorgearbeitet hat, sind Mitte des Sommers die besten Stücke schon ausverkauft.

Eine Nacht auf dem Klo

Alles gewöhnt sich an die Strapazen, nur nicht das Gesäß. David und Marylyn Haxby aus Bradford in England haben die Welt umradelt: die Britischen Inseln, Australien, Neuseeland, die Vereinigten Staaten – 26000 Kilometer in eineinhalb Jahren. Jetzt erkämpfen sie sich ihren Weg von Anchorage durch Alaska und Kanada nach Montana und haben auf dem Alaska Highway inzwischen 900 Kilometer zurückgelegt. Die Kondition reicht täglich leicht für 100 Kilometer, die tiefbraune Haut ist längst immun gegen Sonnenbrand, sehnige Muskeln bezwingen jeden Berg. Aber Tag für Tag sorgt nach wenigen Meilen immer noch und immer wieder der Fahrradsattel für immer die gleichen Schmerzen.

David und Marylyn Haxby, 44 und 45 Jahre alt, sind Aussteiger aus gutem Grund. Nicht das Fernweh hat sie hinaus in die Welt getrieben, sondern Perspektivlosigkeit in der Heimat: Als die Kohlenmine dichtmachte, in der David Haxby sein Erwachsenenleben lang gearbeitet hatte, und als sich abzeichnete, dass ein neuer Job nicht zu bekommen sein würde, verkauften die Haxbys kurzerhand ihr Haus, erlösten damit eine üppige Reisekasse, überhörten, dass Freunde und Verwandte sie durchwegs für verrückt und verantwortungslos erklärten, und schwangen sich auf die Fahrräder.

Wie Weltreisende wirken Marylyn und David Haxby auch nach 27000 Kilometern nicht. Trotz heißer Julisonne und bergiger Straße sind sie unverschwitzt und gepflegt wie Ausflügler; die Packtaschen der beiden Fahrräder sind unauffällig, kompakt und ordentlich gebündelt. Schlafsäcke, Zelt, Videokamera, Tagebuch, ein wenig Proviant und das Nötigste an Kleidung, mehr hat das Ehepaar nicht bei sich.

Ein paar Monate noch, dann wollen die Haxbys nach knapp zwei Jahren in die Heimat zurückkehren. Wie es weitergehen wird, darüber machen sie sich noch keine Gedanken. Ihren Optimismus, wieder Fuß fassen zu können im englischen Alltag, schöpfen sie aus der Leistung, die sie in der Fremde erbracht haben. David und Marylyn Haxby haben nur mit der Kraft ihrer Muskeln die Rocky Mountains überquert, haben auch etliche Gefahren überstanden. In Alaskas Glacier Bay National Park mussten sie eine Nacht im Klohäuschen verbringen, weil sich bei ihrem Zelt zwei Grizzlybären

Possierlich, aber eine tödliche Gefahr: Grizzly am Alaska-Highway

nächste Doppelseite: *Fluss aus Eis: ein Gletscher im Kluane Nationalpark in Yukon*

übernächste Doppelseite: *Gebirgszüge in Yukons Kluane Nationalpark: eine ebenso grandiose wie lebensfeindliche Welt aus Gestein und Eis*

darauf folgende Doppelseite: *Moränen-Einschlüsse zweier Gletscher im Kluane Nationalpark*

niedergelassen hatten. Auf dem Fahrrad, so sagen sie, gibt es für sie nichts mehr zu erleben, gibt es keine konditionelle Herausforderung mehr. In diesem Bewusstsein wollen sie jetzt der Herausforderung gegenübertreten, vor der sie einst in die Welt hinaus geflohen sind.

Aus dem Urwald kam das Findelkind

Tagelang war die kleine Millie an der Straße herumgeirrt und hatte geweint. Nachdem Dan Drummond das dritte Mal an ihr vorbeikam, erbarmte er sich ihrer und nahm sie mit zu sich nach Hause. Rund 15 Kilo wog Millie damals. Mit viel Milch und Babynahrung päppelten Dan Drummond und seine Frau Valerie das Findelkind innerhalb von drei Wochen auf 25 Kilo. Bald wird es so weit sein, dass Millie über den Zaun springen und in den Urwald zurückkehren kann.

Conservation Officer Dan Drummond aus Haines Junction hat für Elchbaby Millie ein kleines Gehege mit Sonnenschutz, Futterkrippe und einigen Stoffpuppen eingerichtet. Nicht zum ersten Mal ziehen er und seine Frau ein Elchjunges auf. Obwohl es grundsätzlich gegen ihre Überzeugung ist. Denn Dan Drummond ist darauf bedacht, der Natur nicht ins Handwerk zu pfuschen. Wenn eine Elchkuh also ein Junges verstößt, weil sie Zwillinge geboren hat, dann soll es seiner Meinung nach eben so sein, dass das Kleine entweder eingeht oder allein durchkommt. Nur weil Millie tagelang nicht in den Wald zurückkehren wollte und einen Unfall hätte verursachen können, hat Dan Drummond sie schließlich mitgenommen.

Zu seinem Job gehört die Adoption von Elchen jedenfalls nicht. Seine Aufgabe als Conservation Officer ist es, die Lizenzen von Anglern im Außenbereich des Kluane National Park zu kontrollieren. Als Adoptivvater macht er sich dennoch gut. Millie knabbert Dan Drummond Gras und Blätter aus der Hand, und sie hat ein solches Zutrauen zu Menschen gewonnen, dass sie ihr flaumiges Fell auch von Fremden streicheln lässt und sogar den Kopf hochnimmt, um sich am Hals kraulen zu lassen. Dan Drummond indes lässt niemanden ins Gehege, ohne deutlich davor zu warnen, Millies Freundlichkeit zum Maßstab für alle Elche zu machen. Schon nach einem Jahr wird aus dem weinenden Baby ein Tier geworden sein, das Trapper mehr fürchten als einen Grizzlybären.

Millie beim Trinken: Valerie Drummond aus Haines Junction zieht mit der Flasche ein verwaistes Elchbaby auf

Von Fairbanks nach Wasilla

Bilder nächste Doppelseite:
• Jenseits der Straßen beginnt der Urwald: Farne und Flechten am Parks Highway • Aufgenommen um 0.30 Uhr: In den Wäldern des Nordens scheint im Sommer auch nachts die Sonne • Sie sind wahre Kletterkünstler – Dallschafe in Alaska und Yukon • Auf dem Foto eine Idylle – vor Ort aber wird der Wanderer von Schwärmen riesiger Moskitos gepiesackt

übernächste Doppelseite:
• Nummernschilder und Schneeschuhe als Wandschmuck – ein Haus im Süden von Fairbanks • Ungewöhnliches Hotel: Am Parks Highway kann man in einem überdimensionalen Iglu wohnen • Wildwest-Häuserzeile in Talkeetna • Bei Wasilla schmücken sich die Geschäfte mit gewaltigen Skulpturen – wie hier mit einem Monster-Hotdog • Blockhütte mit Riesenwaffel – so sehen in Alaska die Eisdielen aus

Extrem niedrige Temperaturen und schwere Stürme können den Parks Highway im Winter zum Alptraum machen; im Sommer ist die 576 Kilometer lange Verbindungsstraße zwischen Alaskas größten Städten Fairbanks und Anchorage ein Traum. Und das nicht allein wegen Alaskas Riesen Mount McKinley, der bei gutem Wetter fast entlang der gesamten Strecke zu sehen ist – der Parks Highway führt auch durch eine ganze Reihe sehenswerter Ortschaften.

In Nenana, knapp 90 Kilometer südwestlich von Fairbanks gelegen, kann man im Vorüberfahren reich werden. Das gepflegte Eisenbahnstädtchen veranstaltet ganzjährig ein Gewinnspiel, bei dem es zu erraten gilt, wann im nächsten Frühjahr das Eis auf dem Tanana River aufbricht. Mit Hilfe eines so genannten *Tripods*, eines Holzgestells auf dem Eis, wird der Zeitpunkt auf die Minute genau bestimmt. Bis zu 300 000 Dollar sind zu gewinnen. Und noch eine Attraktion hat Nenana: Isabel, die freundliche Elchkuh, kommt immer mal wieder aus dem Urwald zu Besuch, beugt sich durch die Küchenfenster, um Salat oder Kartoffeln zu fressen, und stapft gelegentlich sogar bis ins Wohnzimmer.

Um den Eingangsbereich des Denali National Park ist eine kleine Ortschaft mit Hotels, Restaurants und Andenkenläden entstanden, Hubschrauber für Rundflüge zum Mount McKinley hocken wie Hummeln rundum auf der Wiese. Rund zehn Kilometer darf man über das Besucherinformationszentrum hinaus mit dem eigenen Wagen in den Park fahren; nach einem letzten kleinen Parkplatz blockiert dann eine Schranke die Straße, passieren dürfen nur die Parkbusse – und eine Hand voll Berufsfotografen, die erfolgreich am alljährlichen Lotterieverfahren teilgenommen haben.

So weit man dem Parks Highway auch nach Süden folgt, der Mount McKinley begleitet den Reisenden. Der Berg, so heißt es, hat sein eigenes Wetter. Tatsächlich wirken die Wolken hier vielschichtiger als anderswo: Man sieht sie nicht einfach in einer Linie am Himmel stehen, sie sind in mehreren Ebenen übereinander geschachtelt, ziehen unterschiedlich schnell und in verschiedenen Richtungen, zerfasern zu Fetzen, während sie sich gleich daneben zu dichten Quellwolken aufplustern.

Hinter Cantwell wölbt sich ein Hotel in Form eines gigantischen weißen Iglus vor den Bergen. Über die Hurricane Gulch, eine tief ausgeschnittene, üppig bewaldete Schlucht, spannt sich eine 1,2 Millionen Dollar teure Brücke. Immer wieder führen hier Abzweigungen zu Plattformen mit Aussicht auf den Mount McKinley. Am Aussichtspunkt bei Meile 147 steht ein Monument zu Ehren der Eskimos, die während des Zweiten Weltkrieges an Alaskas Küsten gewacht haben.

Für viele Meilen hüllt jetzt undurchdringlicher Urwald den Highway ein. Über der Vielfalt von Grüntönen dieses Waldes liegt im Licht der Sonne ein intensiver Glanz. Erst bei Talkeetna wird es wieder belebter. Ein Abstecher in dieses 600 Einwohner kleine Touristenstädtchen ist die 20 Kilometer Umweg wert. Auf einem Rundweg durch die historischen Holzhäuser kann sich der Besucher selbst erschließen, wie das einst vor sich hin dämmernde alte Goldgräberlager seit 1964 durch den Anschluss an den Parks Highway ein Anziehungspunkt vor allem für solche Gäste wurde, die ihren Urlaub mit Jagen, Angeln, Fliegen oder Skifahren verbringen wollen.

Zurück auf dem Parks Highway, gerät der Reisende bald in den Einzugsbereich der Stadt Wasilla. Fünf protzig mit 20 Meter hohen Gorilla-Figuren oder alten Autos geschmückte Feuerwerks-Verkaufsstände nehmen sich hier auf engstem Raum gegenseitig die Kundschaft weg. Grelle Reklamegags sind auch ein Erkennungsmerkmal des engeren Umfeldes von Wasilla: Da liegen riesige Hot Dogs vor Imbissbuden, lebensgroße Elche und Eisbären belauern ein Restaurant, meterhohe Eistüten ragen vor einem Café in die Höhe. In der Innenstadt verstärkt sich der Eindruck, dass hier Menschen leben, denen an ihrer Stadt etwas liegt und die daher bemüht sind, zur Verschönerung beizutragen – oder eben zur besonderen Eigenart.

Etwas abseits von Wasilla informiert das Iditarod-Hauptquartier über Geschichte und Hintergründe des 1700 Kilometer langen Iditarod-Hundeschlittenrennens nach Nome. Zwar wird die Startzeremonie jedes Jahr in Anchorage abgehalten; die Zeit aber läuft erst, wenn die Teilnehmer Wasilla passiert haben, wo 1973 das erste Rennen gestartet wurde.

Wo Wasilla eigentlich aufhört, ist schwer zu sagen. Jenseits des Zentrums bleibt die Straße noch über viele Meilen gesäumt von Tankstellen, Supermärkten und Motels. Auf halbem Weg zwi-

ALASKA
6170 PP
TRAILER
ALASKA-U.S.A.
L 3767
NORTH TO THE FUTURE
ALASKA-U.S.A.
L 4950
NORTH TO THE FUTURE
ALASKA
CWU 36
ALASKA
4590 CL
ALASKA
BAF 344
STANDARD FAMILY SIZE
COLUMBUS WASHBOARD CO.

31·022
ALASKA 52
62327
MO 18
D·7853
ALASKA 52
ALASKA
BAH 549
CPN 179
BHF 397
6430 BA

WEST RIB
DELI & PUB
ICE CREAM
SHOPPE
NAGLEY'S STORE
LIQUOR STORE

Little Millers

ALASKA ICE CREAM
DRIVE THRU ESPRESSO

schen Wasilla und Palmer schließlich endet der Parks Highway als Einmündung in den Glenn Highway. Von hier aus ist es nicht mehr weit bis zur größten Stadt Alaskas: Anchorage.

Vom Leben bevorzugt

Zum Glück braucht Roger Brown nur fünf Stunden Schlaf. Sonst müsste er sich zerteilen: Der eine Roger für den Job als Bremser bei der Alaska Railroad, der andere macht derweil die Ausbildung zum Berufspiloten. Bei nur fünf Stunden Schlaf aber reicht die Zeit für beides – und zuweilen sogar noch für Fitnesstraining und Fahrradfahren, seine Hobbys.

Roger Brown, vor 37 Jahren in North Carolina geboren, verabschiedet sich jeden Sonntagabend von seiner Frau und seiner zweijährigen Tochter in Anchorage und fährt nach Healy, wo er die Woche über in einem Hotel nahe der Grenze zum Denali National Park lebt. Jeden Morgen um vier Uhr tritt er seinen Dienst bei der Eisenbahngesellschaft an. Zu dieser Zeit trifft, mit sechs Lokomotiven bespannt, einer der zwei Kilometer langen Güterzüge aus Anchorage in Healy ein. Roger Brown löst seinen Kollegen von der Nacht-Crew ab und besteigt den Zug.

Hauptaufgabe des Bremsers ist es, unterwegs die Weichen zu stellen. Die Eisenbahnstrecke von Anchorage nach Fairbanks nämlich ist nur eingleisig. An den Stellen, an denen sich zu bestimmten Zeiten zwei Züge begegnen, gibt es Ausweichgleise. Erreicht der Zug ein solches Ausweichgleis, springt Roger Brown ab, stellt für seinen Zug die Weiche – und lotst ihn wieder auf das Hauptgleis, sobald der Gegenzug die Stelle passiert hat.

Gegen 7.30 Uhr erreicht Roger Browns Zug Fairbanks. Die Waggons werden hier abgekoppelt und zu verschiedenen Umladestationen rangiert. Auch für diesen Arbeitsschritt ist Roger Brown als Bremser verantwortlich. Erst danach kann er den nächsten Güterzug zurück nach Healy besteigen. Wenn er gegen 13.30 Uhr dort ankommt, hat er noch den Kollegen der nächsten Crew einzuweisen, dann könnte gegen 14.30 Uhr sein Feierabend beginnen.

Roger Brown aber zieht sich stattdessen in sein Hotelzimmer zurück und büffelt für den Berufspilotenschein. Nächstes Jahr ist Prüfung. Sollte er bestehen, will Roger Brown jedoch nicht Eisenbahn gegen Flugzeug tauschen, sondern in beiden Berufen zugleich arbeiten. Außerdem hat er sich vorgenommen, möglichst bald vom Bremser zum Lokführer aufzusteigen. Dass manche Kollegen zwei Berufe als Belastung empfinden würden, kann Roger Brown nicht verstehen. Er sieht es als Auszeichnung, Bremser und Pilotenschüler zugleich zu sein: «Manchmal habe ich das Gefühl, vom Leben bevorzugt zu werden.»

Denali bei Regen

Alaskas Denali National Park zu besuchen, ist ein Glücksspiel mit guten Gewinnchancen. An einem von drei Tagen scheint im Schnitt die Sonne, und wenn sie nicht scheint, dann muss das nicht heißen, dass man auf die Hauptattraktion des Parks zu verzichten hätte: Der Mount McKinley, mit knapp 6194 Metern der höchste Berg Nordamerikas, ist ein derart gewaltiger Stein- und Eisklotz, dass es schon sehr schlechten Wetters bedarf, ihn völlig zu verdecken. Was das Glücksspiel ein wenig erschwert, ist die Reservierungspflicht. Mindestens zwei Tage vorher muss man eine der Bustouren bestellen, anders kommt man nicht in den Park.

Busfahrer Gerald D. Stoneking, genannt Stony, hat bislang gute Erfahrungen gemacht mit Besuchern, die Nieten gezogen haben. Auch an diesem Tag hört der 53-Jährige kein Gemaule von seinen 30 Fahrgästen, obwohl sie allen Grund dazu hätten. Der Wetterbericht hat einen Sonnentag versprochen – doch das Wetter macht genau das Gegenteil: Elf Stunden dauert die Busfahrt, von früh um fünf bis nachmittags um vier, und in diesen elf Stunden regnet es unablässig, der Nebel hängt bis ins Tal herunter, der Mount McKinley scheint nicht zu existieren.

Regentage sind oft die besten Tierbeobachtungstage, damit hatte Stony die Besucher zu Beginn der Tour getröstet. Doch auch in diesem Punkt: Vollniete! Elf Stunden lang erfüllt das knarzende Geräusch unablässigen Gewisches an beschlagenen Scheiben den Bus, bei jedem Stopp sausen die Touristen um das verschlammte Fahrzeug und säubern mit Klopapier die dreckverschmierten Fenster, starren während der Fahrt, starren und starren. Zu sehen bekommen sie nicht einen Elch, keine Karibuherde, keine Wölfe, nicht mal ein Wiesel. Ganz in der Ferne, als weiße Pünktchen am Fels, sind ein paar Dallschafe zu erahnen. Der Höhepunkt von elf Stunden Schaukelei ist ein Grizzly-Weibchen mit seinem Jungen. Auch mit dem Fernglas sieht man nicht mehr als zwei braune Flecke im Nebel.

Als der Bus den Endpunkt der Stichstraße erreicht, den Wonder Lake, in dem sich bei schönem Wetter der Mount McKinley weiß verschneit spiegelt, machen die Touristen schließlich doch noch intensiven Kontakt mit einer Tierart des Parks: In sirrenden Schwärmen fallen riesige Moskitos über jeden her, der den Bus verlässt. Die meisten bleiben ohnehin sitzen, denn es regnet mehr denn je. Und es gibt absolut nichts zu sehen.

Wie aber reagieren die Besucher? Gut gelaunt sitzen sie beieinander und schwatzen. Eine japanische Reisegruppe hat sich an einem Informationsstand mit Diaserien über den Park eingedeckt, und diese Dias machen jetzt die Runde, werden freundlich nickend weitergereicht und bestaunt: So grandios ist dieser Nationalpark also, wenn man Glück hat mit dem Wetter!

Zur guten Laune trotz schlechten Wetters hat Gerald Stoneking einiges beigetragen. Während er den Bus souverän durch die Serpentinen steuert, unter denen der Abhang zuweilen mehr als hundert Meter tief klafft, erzählt Stony eine Geschichte nach der anderen: von dem Bären, der im Sommer auf einem der letzten Schneefelder des Parks eingeschlafen und festgefroren war und, nachdem er sich aus dieser Lage befreit hatte, auf einer Körperseite kahl war; von den Karibus, die ihre Nasen in die Schneefelder stecken, um Erleichterung zu finden von den Parasiten, die in ihren Schleimhäuten wüten; von den Moskitos, die hier so blutgierig sind, dass sie jedem einzelnen Karibu täglich bis zu einen halben Liter Blut absaugen.

Die Einstellung, mit der Stony seinen Job macht, lässt sich auf einen Satz reduzieren: «Diese Leute haben Geld und Zeit für ihren Parkbesuch investiert – es ist ihr Tag.» So tut Gerald Stoneking seinen Teil, damit der Tag gelingt, ganz egal, wie das Wetter ist.

Nachdem Gerald D. Stoneking vor 24 Jahren aus Wyoming nach Alaska gekommen war, arbeitete er zunächst als Verkäufer, fuhr dann Schulbusse. Ein Freund von ihm, der Busfahrer im Denali National Park war, nahm ihn irgendwann mal mit zu einer Tour. Und da wusste Stony: Das ist genau das, was ich machen will – ich will Touristen diesen herrlichen Park zeigen. Obwohl er mit seiner Frau ein Haus in Wasilla besitzt, gut 320 Ki-

Denali-Busfahrer Gerald D. Stoneking lässt sich auch bei Nebel und Regen die Laune nicht verderben

Jagdführer Ray Atkins aus Cantwell hat sein Büro vollgestopft mit Elch-, Karibu- und Bärentrophäen

Bilder nächste Doppelseite:
• *Im Freilichtmuseum von Wasilla findet jede Woche der Gemüsemarkt statt*
• *Das Hauptquartier des Iditarod-Trails steht in Wasilla*
• *Ex-Feuerwehrkommandant Ernie Dean ist Farmer aus Leidenschaft*
• *Mit diesem Oldtimer wirbt ein Feuerwerks-Verkaufsstand am Parks Highway für sein Angebot*

lometer südlich des Parks, bewarb er sich um eine Stelle. Und als er genommen wurde, sagte er sofort zu, obwohl damit klar war, dass er künftig wochentags fern der Heimat im Campmobil wohnen würde. Und das ist nicht der einzige Nachteil. Bevor früh um fünf die Touren starten, hat er noch den Bus zu checken. Und das bedeutet: In seinem Campmobil klingelt der Wecker nachts um halb drei.

Doch Stony ist ein Mensch, der jedem Nachteil auch einen Vorteil abgewinnt. So nutzt er die Freizeit im Camper, um sich seiner Lieblingslektüre zu widmen: der Bibel – und Büchern über den Vietnamkrieg, an dem er als junger Mann teilgenommen hat. Und er nutzt die täglich gleiche Elf-Stunden-Tour, um seine persönliche Liste an beobachteten Tieren ständig zu erweitern – erst kürzlich habe er nach acht Sommern als Parkbusfahrer erstmals ein schwarzes Wiesel gesehen, erzählt Gerald Stoneking strahlend. Aus seinem Mund klingt es auch nicht schöngeredet, wenn er Bilanz zieht nach diesem Tag ohne Mount McKinley, ohne Tiere und ohne Sonne, diesem Tag, an dem die Touristen seinen Bus dennoch gut gelaunt verlassen und mit dem Trinkgeld nicht knausern. «Die Leute haben trotz allem einen schönen Tag gehabt», sagt Stony. «Denn sie haben begriffen, dass der Denali-Park ein Wildnis-Reservat ist und kein Zoo. Und dass man am Wetter sowieso nichts ändern kann.»

Im Erdloch lauerte der Grizzly

Beinahe wäre der Jäger selbst das Opfer geworden. Ray Atkins, 54 Jahre alt, Buschpilot und Führer für Jagd- und Angeltouren, spähte nur mal eben in ein scheinbar harmloses Loch – doch in der Erdhöhle hockte ein gigantischer Grizzly. Hätte Atkins in diesem Augenblick kein Gewehr gehabt, das Tier hätte ihn zerfetzt. So aber musste der Bär sein Leben lassen. Und sein Fell.

Ausgestopft und mit Glasaugen und Plastikgebiss zur lebensechten Attrappe konserviert, lässt der umfangreiche Pelz ahnen, wie knapp Ray Atkins davongekommen ist. Der separat in der Küche aufbewahrte Bärenschädel zeigt dagegen, wie wenig Chancen ein Tier gegen die Wucht eines Gewehres hat: Die Kugel traf ins Auge und riss den halben Schädel weg.

Geschichten wie diese erzählen viele der Trophäen, die sich in Ray Atkins' Büro in Cantwell drängen. Inmitten des Glotzaugen-Kabinetts aus Elch- und Karibuköpfen samt Gehörn, Silberfüchsen, Wieseln, Wölfen und Dallschafen hat kaum der Schreibtisch Platz, gehen kann man nur geduckt. Ray Atkins sammelt die Trophäen seiner Beute, er sammelt aber auch Informationen über die Tiere und wissenschaftliches Material. An Gebissabnützung und Geschmack eines Bären kann er erkennen, welche Nahrung der Allesfresser zeitlebens zu sich genommen hat. Mundet das Fleisch angenehm und sitzen im Gebiss noch alle Zähne, fraß der Bär überwiegend Gras und Beeren; ist das Fleisch ungenießbar, das Gebiss stark beschädigt, hat Ray Atkins einen Aasfresser und Knochenkauer erlegt.

Für Ray Atkins ist Alaska nach wie vor das letzte Pionierland. Deswegen ist er Ende der Sechzigerjahre auch aus Washington State in den Norden gekommen. Seine Hobbys Jagen und Fischen hat er rasch zum Beruf gemacht: Ray Atkins besorgte sich eine Trapper-Lizenz und gründete in Cantwell, nicht weit vom Denali National Park, den «Atkins Guiding und Flying Service». Das Geschäft geht gut, allerdings nicht das ganze Jahr über. 90 Prozent seiner Kunden kommen zwischen Mai und September; im Winter hat Atkins dann Zeit, sein Flugzeug und seine Geräte zu warten, sich mit Gewehren zu beschäftigen und etwas mit seiner Frau Diane zu unternehmen.

Aus dem 150-Einwohner-Dorf Cantwell mit seinen zwei Läden ziehen viele der jüngeren Bewohner meist irgendwann weg. Ray Atkins' Tochter zum Beispiel hat einen Geschäftsmann geheiratet und lebt als Lehrerin in Fairbanks. Bei seinem Sohn ist der künftige Wohnort noch nicht gewiss, auch nicht der Beruf. Ray Atkins hofft, dass er eines Tages sein Geschäft übernehmen wird. Dann aber müsste sein Sohn sich gründlich umstellen: Momentan arbeitet der 24-Jährige als Tellerwäscher.

Feldfrüchte vom Feuerwehrkommandanten

Auch wenn er ständig Ärger mit seiner Frau hat, Ernie Dean aus Wasilla ist nicht vom Traktor herunterzubekommen. Tag für Tag von früh bis

OLD WASILLA TOWN SI

IDITAROD TRAIL
RACE
HEADQUARTERS • WASILLA ALASKA
THE IDITAROD TRAIL
IT IS A NATIONAL HISTORIC TRAIL, SO DESIGNATED BY THE CONGRESS OF THE UNITED STATES, FROM SEWARD ON THE SOUTH CENTRAL COAST TO NOME ON THE BERING SEA. IT WAS A HIGHWAY, A MAIL ROUTE, A GOLD AVENUE FROM THE INTERIOR. PART OF IT BECAME A LIFELINE FOR DIPTHERIA SERUM TO BE CARRIED TO NOME DURING THE EPIDEMIC OF 1925.
IT IS NOW A TRAPPERS' TRAIL, A RECREATION TRAIL, STILL A "LIFELINE" FOR SOME VILLAGES, AND THE AVENUE FOR THE MOST CHALLENGING AND DEMANDING LONG DISTANCE SLED DOG RACE IN THE WORLD.. "THE IDITAROD". 1049 MILES, ANCHORAGE TO NOME, THROUGH ALASKA'S WILDERNESS, OVER MOUNTAIN PASSES, DOWN FROZEN RIVERS, AND ALONG THE WIND SWEPT SEA COAST. TRULY THE MAJESTY AND MYSTERY THAT IS "THE LAST GREAT RACE ON EARTH".
DONATED BY
EXXON
Young SIGNS

spät sitzt er auf seinem Uralt-Ackergefährt aus der Zeit der *Homesteads* und bestellt seine Felder. Seine Kartoffeln, Zwiebeln, Salatköpfe, Erdbeeren, Karotten und Zucchini verkauft er auf dem Markt in Anchorage und auf dem romantisch gestalteten Farmers Market auf dem Freigelände des Museums von Wasilla. Ernie Dean betreibt den Ackerbau wie einen Beruf, doch säen, pflanzen und ernten waren nie mehr als ein Hobby. Sein Geld verdiente der heute 54-jährige Frühpensionär als Feuerwehrkommandant von Anchorage. Auch damals schon konnte seine Frau ihn meist auf seinem 12000 Quadratmeter großen Acker oder bei seinem Marktverkaufsstand finden.

Wanderstiefel als Blumenampel – Häuserschmuck in Talkeetna

Dass die meisten Farmer der Region Wasilla nur nebenberuflich auf den Feldern arbeiten, liegt daran, dass importiertes Gemüse deutlich billiger ist. Schmackhafter und größer als Alaskas Feldfrüchte indes ist die Importware nicht, im Gegenteil: In den taghellen Sommernächten des Nordens werden manche Pflanzen sogar weitaus voluminöser als die eingeführten. Längst sind diese grünen Giganten keine achtlos verzehrten Jumbo-Versionen mehr, sondern Züchtungsziel: Beim alljährlichen Riesengemüse-Wettbewerb können Kohlköpfe mit bis zu 100 Pfund Gewicht bestaunt werden.

Von Delta Junction nach Valdez und McCarthy

Bild nächste Doppelseite: *Im Prince William Sound findet man Eisberge in den bizarrsten Formen*

übernächste Doppelseite:
- *Ein romantischer See an der McCarthy Road*
- *Seit Jahrzehnten fährt keine Eisenbahn mehr nach McCarthy – die Holzbrücken von damals aber sind noch immer an der McCarthy Road zu bestaunen*
- *Unendliche Straßen führen in die Wildnis: Über fünf Meilen lang ist diese Gerade des Edgerton Highways*

Steil abstürzende Wasserfälle, blau leuchtende Gletscher, grandiose Bergpanoramen – die älteste Straße Alaskas ist auch zugleich eine der schönsten. Beim ersten Goldrausch 1898 begann die Route auf dem tückischen Valdez-Gletscher und führte nordöstlich zu den Klondike-Goldfeldern. 1902 strömten erneut Goldsucher bei Valdez an Land, diesmal aber machten sie ihren Weg steil nach Norden bis Fairbanks. Diese Route wurde so bedeutend als Verkehrsweg, dass sie 1910 unter Leitung des ersten Präsidenten der «Alaska Road Commission», Wilds P. Richardson, zur Wagenstrecke ausgebaut wurde. Daher der Name: Richardson Highway. 1920 wurde aus der Wagenstrecke eine Autostraße, seit 1957 hat der Highway einen festen Belag.

Es sind zwei Gebirgszüge, die den Richardson Highway auf seinem ganzen Weg begleiten. Kaum hat man von Delta Junction aus die Alaska Range durchstoßen und hinter sich gelassen, erheben sich im Südosten schon die schneebedeckten Spitzen der Wrangell Mountains. Die Trans-Alaska-Pipeline schlängelt sich auf dem Weg zu ihrem Endpunkt Valdez immer wieder aus dem Wald heraus und verläuft direkt neben der Straße.

Frei zugänglich ist der Worthington-Gletscher. Eltern kraxeln mit ihren Kindern über die rutschige Trümmerlandschaft der Moräne und besteigen das brüchige Eis des Gletscherrandes. Der Geschmack des Winters liegt in dem Frosthauch, der über den Gletscher herabkommt; die Büsche, die hier wachsen, tragen Ende Juni noch hart verschlossene Knospen.

Winter und Sommer stehen auch auf dem Thompson-Pass nebeneinander an der Straße. Die weitläufigen Schneefelder wirken bröselig, sind aber rau und hart wie Glas. Von den eisigen Winden über dem Pass lassen sich Weißkopfseeadler über die Felsen tragen. Die Wolken hängen direkt über der Straße, berühren fast ihre eigenen Schatten. Auf dem Weg hinab nach Valdez wird der Highway zum Hohlweg, verschlungen windet er sich durch enge Schluchten und dichten Mischwald. Aus Höhen, die jenseits des Blickfeldes liegen, stürzen weiß schäumende Wasserfälle hinab in die Schlucht, ihre Gischt spritzt meterweit und sammelt sich auf dem Highway zu Wasserflecken, die niemals trocknen.

Eingeschlossen von schneebedeckten Bergen, liegt Valdez direkt am Meer. 1989 spie hier der Tanker *Exxon Valdez* sein Öl ins Meer, das Wasser des Prince William Sound verschwand unter der schleimigen Giftbrühe, Tiere erstickten zu Tausenden. Es war nicht die erste Katastrophe, die Valdez heimsuchte. Beim großen Erdbeben am Karfreitag des Jahres 1964 fiel die Stadt in Trümmer; was dabei nicht zerstört wurde, ging in der Flutwelle unter, die dem Erdbeben folgte. 28 Menschen starben. Von Alt-Valdez ist heute nichts mehr zu erkennen, die Stadt wurde einige Meilen entfernt neu aufgebaut.

Auf dem Weg von Valdez zurück nach Norden zweigt hinter Tonsina der Edgerton Highway ab. Aus dieser geteerten Straße wird, nach knapp 60 Kilometern, bei Chitina eine Piste – die McCarthy Road. Diese 100 Kilometer lange Schlaglochstrecke ist anstrengend, belohnt den Reisenden aber doppelt: mit der grandiosen Landschaft des Wrangell/Saint Elias National Park, durch den sie führt, sowie mit der geschäftigen kleinen Westernstadt McCarthy und der gewaltigen Minenruine Kennicott, die das Ziel der Piste sind.

Geisterstadt-Zauber liegt über allen drei Orten, über Chitina, McCarthy, Kennicott. McCarthy aber ist für Spurensucher ein kleines Paradies. Da sind ganze Häuser wie Pakete verschnürt, damit sie nicht auseinander fallen; da sind andere Häuser vom Fluss halb unterspült, hängen über dem Wasser wie bereit für den letzten Kopfsprung; da führen Treppen mit ihrem verschimmelten Teppichbelag durch eingestürzte Dächer in den blauen Himmel; und da haben Häuser den Kampf gegen Regen und Sturm aufgegeben und sind zum graugrünen Bretterfriedhof zusammengeklappt. Aber das ist nur ein Teil von McCarthy. Viele der Gebäude hat man gestützt und mit frischer Farbe aufgepeppt, komplett restauriert oder an alter Stelle neu aufgebaut. McCarthy hat den Rückweg eingeschlagen, hat das Geisterstadt-Dasein hinter sich gelassen und erblüht gerade zu einer Stadt, die es schaffen könnte, Touristenmagnet zu werden, ohne im Vergnügungsrummel ihr Gesicht zu verlieren.

Zeugnisse von der eigenen Mutter

«Ihr dürft anders sein als die anderen, ihr könnt für euch selbst wählen, wie ihr leben wollt.»

Es ist nicht so, dass die 15-jährige Laura, die 13-jährige Karen und der acht Jahre alte Mark diesen Satz ständig von ihrer Mutter zu hören bekämen. Ramona Henspeter setzt ihr oberstes Prinzip lieber im Alltag um, statt es den Kindern einzubläuen.

Es sind so einige Lebensbereiche, in denen sich Ramona und ihr Mann Brad Henspeter, beide 44, abgekoppelt haben von der Herde ihrer Nachbarn. Auch solche Bereiche, die weitreichende Folgen für andere Familienmitglieder haben: Obwohl ihr Haus gut erreichbar zwischen Glennallen und Copper Center liegt, haben die Henspeters ihre Kinder – wie es ihr Recht ist in Alaska – von der Schule genommen. Den Unterricht erteilt die Mutter selbst, und auch die Benotung überlässt sie nicht, wie es möglich wäre, einem Lehrer.

Der Grund für diese Entscheidung reicht einige Zeit in die Vergangenheit zurück. Als die Henspeters 1981 von Minnesota über Australien nach Alaska kamen, übernahm Ramona eine Stelle als Kindergartenlehrerin. Nach fünf Jahren kündigte sie, weil ihr die Lernziele der Vorschulausbildung zu viele politische Aussagen enthielten. Auch an den Schulen fand sie manches auszusetzen, zum Beispiel, dass schulfremde Gruppen über den Schulrat in der Lage seien, ihre Interessen durchzusetzen. Was Ramona Henspeter aber am meisten störte: Die religiöse Erziehung kam ihrer Meinung nach zu kurz.

In der Heimschule der Henspeters ist das morgendliche Gebet zum Unterrichtsbeginn eine Selbstverständlichkeit, bildet die christliche Ausbildung einen maßgeblichen Schwerpunkt. Ansonsten behandelt Ramona die gleichen Fächer, wie sie die Kinder auch in der staatlichen Schule lernen müssten – Mathematik, Fremdsprachen, Kunsterziehung –, und gibt ihnen den gleichen Arbeitsrhythmus vor: Schuljahr von September bis Mai, Schulwoche von Montag bis Freitag, Schultag von 8.30 Uhr bis zum Mittag. Bei den Hausaufgaben am Nachmittag überlässt sie ihre Minischulklasse sich selbst. Ramona Henspeter hilft dann ihrem Mann in seinem Immobilienmaklerbüro, bäckt Brot, versorgt den Hund oder kümmert sich um die Gäste der kleinen Frühstückspension, die sie nebenher betreibt.

Eine Arbeit im Hause Henspeter aber wird nicht aufgeteilt: In den Wald zum Holzschlagen geht die Familie geschlossen. Ramona will ihren Kindern damit ein weiteres Leitprinzip vorleben, statt es ihnen vorzusagen. Es ist für sie genauso wichtig wie die Erziehung zur Individualität, auch und gerade weil es einen Gegenpol dazu darstellt. Das Prinzip lautet: «Die Familie ist der Mittelpunkt des menschlichen Lebens.»

Fisch mit Fell

Blair Spalding sieht seine Freundin nur dreimal im Jahr. Den Rest der Zeit sitzt er allein in seinem Andenkenladen «Alaskan House» am Richardson Highway ab. Rund 81 Meilen sind es von hier nach Valdez, eine halbe Stunde Fahrt bis Glennallen. Dazwischen: Wildnis. Einsam aber ist Blair Spalding nicht. Der Highway spuckt reichlich Touristen in seinen Laden und die verweilen für mehr als einen flüchtigen Blick, denn die Auslagen mit den üblichen Alaska-Andenken – Schnitzereien, T-Shirts, Schmuck – hat Blair Spalding mit allerlei Kostproben seines kantigen Humors gespickt.

Meist veralbert er sich selbst: «Blair on a good day», Blair an einem guten Tag, steht da unter einem aufgerissenen Löwenmaul. Oft hängen die Gags auch ohne Kommentare im Raum. Eine Art Alaska-Wolpertinger hat Spalding kreiert, indem er einem Lachs ein Bärenfell übergezogen und ihn an die Wand genagelt hat. So wie er kleine Skurrilitäten zwischen seine Waren streut, würzt er auch Antworten auf Fragen seiner Kunden mit seinem kratzbürstigen Charme. Hat er nicht Angst überfallen zu werden, ist es nicht gefährlich so allein? «Warum sollte es gefährlich sein?», fragt er grimmig zurück und hat plötzlich einen Revolver in der Hand. «Warum?», fragt er noch mal und zückt einen weiteren Revolver. «Warum?», und bringt schließlich noch ein Gewehr zum Vorschein.

Im Winter kann Blair Spalding auf seine Knarren verzichten. Da kommen allenfalls seine Nachbarn mal an seinem Anwesen vorbei. Die Einsamkeit, die dann im «Alaskan House» einzieht, hat Spalding früher mit seiner Freundin geteilt. Doch sie hatte, obwohl dort geboren, irgendwann genug vom Leben in Alaska, und auch Blair Spalding fühlt sich mit 67 Jahren langsam «zu alt, um acht Monate im Jahr Schnee zu schaufeln». Deshalb will er seinen Laden verkaufen und der Lebensgefährtin nach Arizona folgen. Nach 20 Jahren Alaska will sich der gebürtige Washingtoner damit –

zumindest klimamäßig – auf sein Traumland einstimmen: Irgendwann will Blair Spalding nämlich nach Afrika auswandern.

Mit Captain Schnee zum Gletschereis

Es ist noch nicht lange her, da bedeckte ein klebriger Ölteppich das Wasser, verschmierte die Strände und erstickte alles Leben. Inzwischen tummeln sich wieder Seeotter im klaren Meer, Fischer werfen darin ihre Netze aus, und die Umweltkatastrophe nach der Havarie des Öltankers *Exxon Valdez*, obwohl erst ein paar Jahre zurück, scheint wie eine Überlieferung aus ferner Vergangenheit.

Eigentlich geht es bei der Bootsfahrt von der Hafenstadt Valdez zum Prince William Sound nicht um Öl oder Umweltzerstörung – Ziel ist der Columbia-Gletscher. Aber Captain Randy Schnee will seinen Passagieren mehr bieten als ein Fahrtziel, mag es noch so spektakulär sein. Daher bereichert er das Pflichtprogramm mit viel Information und so manchem kleinen Abstecher.

Randy Schnee lebt genauso lang in Alaska, wie er zuvor in seinem Heimatstaat Washington verbrachte: 18 Jahre. In den Norden gekommen war er wegen der grandiosen Natur, sein erstes Geld in der neuen Heimat verdiente er als Fischer. Elf Jahre dauerte es, bis er sich hochgearbeitet hatte vom einfachen Seemann zum Kapitän der Schifffahrsgesellschaft «Stan Stephens Cruises». Das Patent ist ihm nicht zu Kopf gestiegen. Auf der Brücke seines Schiffes verzichtet er auf die Kapitänsmütze, trägt statt Uniform mit Schulterstreifen ein Jeanshemd, steuert das Schiff mit links und konzentriert sich auf das, was ihm am meisten Spaß macht: Fremdenführer zu sein, sprudelnde Informationsquelle für die 42 Gletschertouristen an Bord.

Dieser Tag ist reich an Zusatzfreuden: Schon gleich nach dem Ablegen kommt Captain Schnee eine Gruppe Seeotter vors Fernglas, dann eine grüne Boje mit drei hellbraunen Seelöwen, die träge grunzend in der Sonne liegen und weitmäulig gähnen. Weißkopfseeadler schauen von hohen Fichten am Ufer streng zum Schiff herüber. Bei jeder Tiergruppe dreht Randy Schnee bei und erzählt von ihren Eigenarten. Als das Schiff endlich die Formenvielfalt des Gletschereisfeldes erreicht, geht ein Funkspruch von einem anderen Schiff ein: Wale voraus! Captain Schnee ändert den Kurs, lässt die Eisschollen wieder hinter sich und macht sich auf die Suche.

Die Touristen nehmen ganz unterschiedlich Anteil am Sonderprogramm Randy Schnees. Einige harren trotz eisigen Fahrtwindes während der fünfstündigen Passage auf dem Oberdeck aus, die meisten treiben sich unter Deck herum, plaudern mit der Crew, lassen sich mit Kaffee bewirten oder blättern in den Büchern der Schiffsbibliothek. Eine junge Frau hockt im Schneidersitz auf der Bank und legt gelangweilt Patiencen. Als der Kapitän aber Wal voraus meldet und den Motor abstellt, hängen alle an der Reling oder an den Fenstern.

Dreimal, viermal faucht die Atemgischt des Riesentieres aus dem Ozean, krümmt sich sein Buckel über den Wellen, richtet sich seine Schwanzflosse zu einem T auf und sinkt steil zurück ins Wasser. Dann wirft der Kapitän den Motor wieder an, wendet das Schiff und fährt zurück zu der dünnen, weißen, gezackten Linie über dem Ozean, die den Weg zum Gletscher weist.

Die Eisschollen, die den Gletscher umringen, haben so viele Farbtöne wie der Gletscher selbst: von Weiß über leuchtend Hellblau bis schmutzig Grau. Glänzend und glasig transparent wie eine Seifenblase ist der Eisbrocken, den Captain Schnee aus dem Meer fischen lässt, härter als normales Eis und wegen des hohen Drucks deutlich schwerer. Mit diesem Eisklumpen ist der Gletscher an Bord gekommen, er wird umringt und bestaunt; es gibt nichts, was Randy Schnee darüber hinaus noch

Blair Spalding betreibt einen Andenkenladen am Richardson Highway – und würde am liebsten nach Afrika auswandern

nächste Doppelseite:
- *Der Richardson Highway führt durch eine grandiose Gebirgslandschaft*
- *Auf dem Weg nach Valdez: Morgenstimmung am Wrangell-Massiv*
- *Auf dem Thompson Pass bei Valdez liegt auch im Sommer reichlich Schnee*
- *Direkt an der Stadtgrenze von Valdez liegt diese romantische Sumpflandschaft*

links:
Für die Möwen des Prince William Sounds sind die Eisberge willkommene Ruhe-Inseln

rechts:
- *Achtung, Entenfamilien kreuzen die Straße – ein Verkehrsschild bei Valdez*
- *Seit Jahren verlassen ist dieses Blockhaus bei Copper Center*

nächste Doppelseite:
- *Blick auf den Hafen von Valdez*
- *Von den Seeottern des Prince William Sound kann man sich kaum losreißen. Die possierlichen Wasserbewohner lassen sich auf dem Rücken treiben, putzen sich und schauen dabei aufmerksam zum Boot herüber. Durch heftige Drehungen um die eigene Achse bauen sie ein isolierendes Luftpolster im Fell auf*
- *Der Heilbutt-Fang des Tages wird gleich im Hafen von Valdez zerlegt*
- *Fischkutter im Prince William Sound*

21550
36357

BLUFF WATCH

• David Bruss lebt im Winter als Trapper in einer einsamen Hütte. Im Sommer verdient er sich als Kapitän für Angeltouristen ein paar Dollar dazu
• Buschpilot Don Welty an seiner Maschine

bieten könnte. Auf der Rückfahrt nach Valdez herrscht eine lockere Kreuzfahrtstimmung.

Die Touristen haben Tiere beobachtet, sind vom Frosthauch des Gletschers umweht worden, haben sein Eis betastet; nun, da Captain Schnee seine Gäste die Schönheit und Größe der Natur hat begreifen lassen, nutzt er die Rückfahrt, von ihrer Verletzlichkeit zu sprechen. Als in der Bucht von Valdez der Gebäudekomplex näher rückt, in dem die Trans-Alaska-Pipeline endet, schildert Randy Schnee die Folgen des Exxon-Valdez-Ölteppichs so, wie er selbst sie damals erlebt hat. Die ferne, anonyme Umweltkatastrophe macht er zur lokalen Begebenheit, zu einem individuellen Unglück – und lässt es über eine Idylle hereinbrechen. Dann die Aufräumarbeiten, Handtuchspenden aus ganz Amerika, Reinigungsaktionen durch die Bevölkerung von Valdez. Die Gegenwart wirkt da wie ein Happy End: Die Idylle ist wiedergekehrt, die Bucht von Valdez hat sich noch einmal erholt.

Randy Schnee hat den Touristen an diesem Tag klargemacht, was verloren gegangen wäre, hätte die Katastrophe die Selbstreinigungskraft der Natur überfordert.

Bilder nächste Doppelseite:
- *Nur über eine 100 Kilometer lange Schlaglochstrecke oder per Flugzeug ist der gewaltige Komplex der Kennicott-Mine erreichbar*
- *Keine Filmkulisse, sondern eine echte Westernstadt: Chitina am Übergang des Edgerton Highways in die McCarthy Road. Hier kann man sich noch einmal satt essen vor der langen staubigen Fahrt nach McCarthy*
- *Zwei Regeln gelten in diesem Laden in Chitina: «Wir nehmen keinen Müll an» und «Tür fest zumachen!» Ob die Regeln auch eingehalten werden, wird mit einer Videokamera überwacht*
- *McCarthy liegt tief im Nationalpark Wrangell/St.-Elias*

Trapper mit Pick-up

Der Ort, wo David Bruss im Winter lebt, lässt sich nur grob lokalisieren: 120 Kilometer von Valdez und da wiederum 40 Kilometer abseits vom nächsten Dorf. Wo auch immer das sein mag, eins ist klar: Die Hütte steht mitten im Busch, fernab jeglicher Zivilisation.

David Bruss, geboren 1956, ist Trapper, also Fallensteller. Dass er seine Hütte so weit draußen im Urwald Alaskas gebaut hat, ist notwendig, denn um vom Pelztierhandel existieren zu können, muss er seine fünf Fallenwege in einer Länge von insgesamt 600 Kilometern anlegen; in diesem Gebiet dürfen keine Menschen leben, die in die Fallen tappen könnten. Die Abgeschiedenheit kommt David Bruss aber auch entgegen. Er ist am liebsten allein, denn Alleinsein bedeutet für ihn: machen können, was man will – und weit entfernt sein von allem Ärger.

Genau aus diesem Grund, weil sie weg wollten von menschlichen Verwicklungen, weil sie einen unkomplizierten Lebensstil pflegen wollten, sind seine Eltern vor Jahrzehnten von Wisconsin nach Alaska gezogen. Zehn Jahre alt war David Bruss damals. Von klein auf lernte er Fischer, den Beruf des Vaters – in den Sommermonaten fährt er heute noch, wenn auch mit Angeltouristen, hinaus aufs Meer. Seine Kindheit hat er als wirksamen Erziehungsprozess zur Bescheidenheit in Erinnerung: Das Haus seiner Eltern bot weder Strom noch fließendes Wasser. Zu Weihnachten gab es allenfalls Kleidung – Spielzeug hatte er nur, wenn er es sich selbst bastelte.

Im Vergleich zu damals lebt David Bruss heute luxuriös. Zu seiner Hütte fährt er mit seinem neuen Pick-up über eine ausgebaute Straße. Einen Fotoapparat hat er stets bei sich, denn für die Artikel, die er für Fachzeitschriften über das Leben in der Wildnis schreibt, liefert er die Bilder gleich mit. Ausgestattet ist David Bruss außerdem mit einem Satellitentelefon und, neben seinem Hundeschlitten, mit gleich drei Schneemobilen. All diese technischen Geräte, die David Bruss da in seinem einfachen Trapperleben zulässt, sind ihm nicht Spaß und Freizeitbeschäftigung, sondern Überlebensgarantie.

Absolute Sicherheit freilich gibt es in der Wildnis nie. In die bisher gefährlichste Situation seines Lebens geriet David Bruss trotz Telefonkontakt zur Außenwelt, trotz seiner Auswahl an exakt gewarteter Fortbewegungstechnik und trotz seiner Mechanikerkenntnisse. Unterwegs zu seinen Fallen ging ihm bei einem Unfall eines seiner Schneemobile irreparabel zu Bruch. 50 Kilometer musste er sich von der Unfallstelle aus durch knietiefen Schnee plagen, bis er in Sicherheit war.

Die Wildnis verleiden konnte ihm dieses Abenteuer nicht. David Bruss will nicht verzichten auf Begegnungen mit wilden Tieren und auf Landschaften, die außer ihm niemand sonst sieht. Draußen in den Wäldern, so sagt er, hat er das Gefühl Gott näher zu sein. Und er ist überzeugt davon, dass seine Hütte ein besserer Platz ist, um Kinder aufzuziehen, als eine Stadt, in der das Fleisch in Plastik eingewickelt und von Hormonen vergiftet sei. Kinder aufziehen – David Bruss weiß auch, dass es ihm schwer fallen wird, eine Frau für seine Lebensweise zu begeistern. Dauerhaft auf eine Partnerschaft verzichten aber möchte er nicht. David Bruss, der im Winter 40 Kilometer Abstand zu anderen Menschen wahrt, hält sich für eines auf keinen Fall: einen Eremiten.

IT'LL DO
CAFE
OPEN
EXIT
FOR SALE

CHITINA
FUEL AND GROCERY
Gas - Diesel - Oil
Cold Pop
OPEN
FUEL AND
GROCERY
Cold Pop
OPEN

McCARTHY GENERAL
STORE

Drei Stunden Schulweg

Sehr unterschiedlich sind die Berufe, mit denen die abgeschieden lebende Familie ihren Unterhalt bestreitet: Barre Shepard, ein gutmütiger Rübezahl mit irrlichternden Augen, baut Hauseinfahrten, pumpt Fäkalien – und er führt Touristen auf Pferden oder Hundeschlitten zu den Schönheiten des Wrangell/Saint Elias National Park.

Seit zehn Jahren lebt Barre Shepard mit seiner Frau Diane mitten im Nationalpark. Sein Anwesen hat er nach der Piste benannt, an der es liegt: McCarthy Road Farm. Für die vier Kinder der Shepards ist der Hof ein Abenteuerspielplatz. Ihr Vater hat ihnen ein eigenes Haus gebaut, sie wachsen im Urwald auf, spielen mit Hunden und Pferden, hören statt Verkehrslärm die Vögel zwitschern, sehen Hasen hoppeln und Elche grasen.

Nachteil der paradiesischen Kinderstube ist ihre Abgeschiedenheit. Rund 30 Kilometer Holperweg liegen zwischen der Farm und dem Örtchen Chitina, wo der Schulbus startet, noch mal 30 Kilometer sind es von dort bis zur Schule in Kenny Lake. Das dreistündige Hin und Zurück nehmen die Shepard-Kinder gerne in Kauf, ist es doch für sie eine der wenigen Gelegenheiten zu regelmäßigem, ungestörtem Umgang mit Gleichaltrigen. Die Erfahrung, Freundschaften zu schließen, Spielkameraden zu haben, sich durchzusetzen und nachzugeben, zu zanken und sich wieder zu vertragen – für Stadtkinder eine Selbstverständlichkeit –, mussten sie in ihren ersten Lebensjahren entbehren.

Diane Shepard sieht die Isolation der Kinder auch durchaus als ernsthafte Einschränkung. Sie selbst nahm es mit Humor, die Niederkunft der Kleinen vor dem Funkgerät abzuwarten, wenn ihr Mann zu dieser Zeit unterwegs war, einen Bekannten mit Telefon anzupeilen, damit der dann den Krankenwagen verständigte. Dass aber ihre Kinder zuweilen erst kurz vor der Einschulung erstmals Gäste zum Geburtstag einladen konnten, liegt ihr auf dem Herzen.

Daher denkt sie darüber nach, zumindest im Winter mit den Kindern nach Chitina zu ziehen. Die McCarthy Road Farm ganz zu verlassen, auf die einzigartigen Sonnenuntergänge zu verzichten, auf Freiheit und Eigenständigkeit, kommt ihr nicht in den Sinn. Auch den Kindern wäre dieser Preis zu hoch.

Wenn der Nachbar ruft, muss die Kundschaft warten

Wo Don Welty lebt, geht Nachbarschaftshilfe über Broterwerb. Der im Jahre 1958 geborene Lufttaxi-Pilot kann ein ganzes Sportflugzeug voll Touristen an der Rollbahn des Flugplatzes von McCarthy stehen haben – aber wenn ein Bekannter ihn braucht, dann müssen diese Kunden eben warten, bis Don Welty erledigt hat, worum er gebeten wurde.

Weil ihm die Grundwerte menschlichen Zusammenlebens schon immer wichtiger waren als persönliche Interessen, ist Don Welty 1976 von Ohio in die Wildnis Alaskas umgesiedelt. Teilen, Beistand leisten, dem anderen helfen durchs Leben zu kommen – nach diesen Regeln zu denken und zu handeln, ist für ihn jedoch kein Samaritertum, es ist ihm ein Mittel zur Selbstkontrolle. Städte, so sagt er, verändern die Menschen, entfremden sie ihrer Bestimmung als Gemeinschaftswesen. Der Urwald Alaskas stutze den Zivilisations-Egoismus wieder zurecht.

Auch für das richtige Maß an Eigennutz lässt Don Welty das Land sorgen. Da die Sommer zu kurz sind, um von Rundflügen über die Gletscher des Wrangell/Saint Elias National Park zu leben, kann er das wenigste im Laden kaufen von dem, was er, seine Frau und seine zwei Kinder brauchen. Also geht er im Winter jagen, stellt Fallen und macht selbstverständlich all das selbst, wofür in Städten Handwerker bezahlt werden.

Don Weltys Hobbys sind die gleichen wie die der Touristen, die er herumfliegt: Mountainbiking, Wandern, Ski fahren, Mineralien sammeln. Tiere indes würde er nie der Trophäe wegen schießen. Die Geweihe, die er in seinem Haus zusammengetragen hat, lagen abgeworfen im Wald. Erspäht hat er sie bei den Flügen, die er nur für sich selbst macht. Don Welty, der Gemeinschaftsmensch aus Überzeugung, genießt es dann, allein unterwegs zu sein, seine Richtung selbst zu bestimmen, vor allem aber die Höhe. Denn Pilot geworden ist er aus dem gleichen Grund, aus dem er in die Wildnis gegangen ist: Don Welty will Dimensionen des Lebens auskosten, die mancher Zeitgenosse nicht mal als gegeben erkennt.

* * *

Erfolg ohne Komfort

Das Risiko war so groß, dass jede Bank den Kredit verweigerte. Betty Hickling aber hielt an ihrem Traum fest, am Ende der Welt ein eigenes Hotel zu betreiben. Sie bettelte sich durch die ganze Familie, investierte ihr Erspartes, belieh sogar noch das Erbe ihrer Eltern – und setzte damit alles aufs Spiel, was sie hatte.

Betty Hickling war noch ein Baby, als ihre Eltern 1957 von Montana nach Anchorage zogen. Dort wurde sie groß, ging zur Schule und arbeitete bis zu ihrem 30. Lebensjahr in einem Bekleidungsgeschäft. Dann wechselte sie von heute auf morgen von Alaskas größter Stadt in eines der kleinsten und abgelegensten Dörfer des Landes.

Hotelchefin am Ende der Welt: Betty Hickling aus McCarthy

McCarthy am Fuß der Wrangell und Saint Elias Mountains war zu Zeiten des Kupferabbaus in der benachbarten Minenstadt Kennicott eine Boomtown mit 800 Einwohnern. Als der Abbau 1938 eingestellt wurde, schrumpfte McCarthy zum Geisterdorf. Auch Ma Johnsons Hotel, einst das beste Haus am Platze, musste schließen. Erst Jahrzehnte später zeichnete sich ab, dass Stadt und Hotel einen zweiten Frühling erleben könnten. Alaska-Reisende hatten den soeben geschaffenen Wrangell/Saint Elias National Park entdeckt und kamen in immer größeren Gruppen auch nach McCarthy. Als Betty Hickling 1987 vom zaghaften Erblühen des nahezu ausgestorbenen Städtchens hörte, waren es gerade mal 5000 Touristen jährlich.

Inzwischen machen pro Jahr 30 000 Besucher in McCarthy Station. Aus Ma Johnsons Hotel und der benachbarten Lodge, denen keine Bank eine Chance geben wollte, hat Betty Hickling eine Quelle des Wohlstandes gemacht – ohne langfristige Reservierung ist keines der 16 Zimmer zu haben. Dabei fehlt es in den winzigen Räumen auch an den bescheidensten Annehmlichkeiten. Ganz bewusst hat Betty Hickling die sechs alten und die zehn neu angebauten Zimmer des Hotels so eingerichtet, wie der Gast von 1910 es gewohnt war: Das Drahtgestell-Doppelbett beansprucht neun Zehntel des kargen Raumes, Strom gibt es darin nicht, auch kein fließendes Wasser und schon gar keine Toiletten oder Duschen. Des Touristen Sehnsucht nach der Pionierzeit war Betty Hicklings Trumpfass im größten Poker ihres Lebens. Und die Karte stach.

Doch nur in Filmen hat das Happy End Bestand, für Betty Hickling haben sich die Dinge inzwischen geändert. Als Mutter eines Neugeborenen kann sie die Tage zählen, bis sie McCarthy verlassen muss, denn die nächste Schule ist rund 130 Kilometer entfernt. Ganz sicher allerdings ist ihre Rückkehr nach Anchorage noch nicht. Sollte der Touristenstrom weiter wachsen, könnte auch die Einwohnerzahl von McCarthy zunehmen. Vielleicht, so hofft Betty Hickling, wird ja dann auch eine Schule gebaut.

Von Tok nach Homer, Hope und Seward

Von Bergen und Urwald durch die Großstadt Anchorage zum Meer – dieser Highway zeigt alle Seiten Alaskas. Zwischen Tok und Glennallen ist es die Einsamkeit der Wildnis, sind es die borstigen, zerzausten Fichten und die schweigenden Wrangell Mountains, mit denen man die Fahrt in der Erinnerung verbinden wird. Auf dem Weg nach Palmer ist es der Matanuska-Gletscher. Von den Chugach Mountains herab kriecht dieser Fluss aus Eis wie ein Krakenarm ins Tal.

Aus der Ferne wirkt der Gletscher wie ein schlaffer, schmutziger, zusammengesackter Kuchenteig. Eisige und laue Winde schleichen sauber geschieden über das Moränenfeld, man spürt es kalt an den Händen, zugleich warm im Gesicht. Hunderte von Rinnsalen zerfurchen das Trümmerfeld aus Steinen, Kies, Sand und Eisfeldern, mit dem der tauende Riese sich auf seinem Rückzug umlagert. Aus Stein mit Eis wird Eis mit Steinen. Von allen Seiten scheint das Knirschen der eigenen Schritte zu kommen. Immer gleißender wird das Licht, das Glitzern immer schmerzhafter für die Augen. Auf dem Eis, neben dem Eis, unter dem Eis tröpfelt und fließt und strömt das Wasser. Aber von wegen schlaff, schmutzig und zusammengesackt!

Dieser Panzer aus Eis ist mit Steinen nicht mal anzukratzen. Meterweit ins Leere ragende Schollen, zentimeterdick nur, tragen leise stöhnend ein Menschengewicht. Das Flüstern von Rinnsalen verstärkt dieser wuchtige harte Leib zu einem tief aus dem Bauch des Eises aufsteigenden krötenhaften Knarzen. Die eisige Gewalt des Gletschers strahlt ab über Hunderte von Metern, eine Viertelstunde muss man laufen, bis im grauen Einerlei der Moräne zarte Gräser zu entdecken sind, winzige Spinnen, schließlich kleine Sträucher.

Der steingraue Matanuska River, der Zusammenfluss aller Rinnsale des Gletschers, begleitet den Glenn Highway bis Palmer. Breit wie ein See wird er zeitweise, reißt ganze Baumstämme mit sich, verzweigt sich in ein Netz von Bächen, nagt tiefe Schluchten in alles Land, das ihm den Weg versperrt.

Während hier im Tal die Lupinen in leuchtend blauer Blüte stehen, hat sich oben am Hatcher-Pass, auf der anderen Seite der Stadt Palmer, der Winter noch nicht vertreiben lassen. Die Menschen, die hier bis in die Vierzigerjahre in windigen Holzhäusern rund um die Independence Mine lebten, waren an die Kälte gewöhnt. Fotos aus dieser Zeit zeigen Frauen in kurzärmeligen Kleidern im Schnee stehen, mit nackten Beinen und Schneeschuhen an den Füßen. Sogar eine eigene Schule für die insgesamt neun Kinder gab es; und, laut Informationstafel, im Haus des Managers Kühlschrank, Klimaanlage und künstliches Kaminfeuer. Heute sind die Häuser ausgeräumt, halb verfallen, eine romantische Geisterstadt im Schnee. Dabei soll das meiste Gold noch immer im Berg versteckt sein ...

In und rund um Palmer kann man sich lange aufhalten. Zu empfehlen ist die Moschusochsenfarm, vor allem aber das etwas weiter südlich gelegene Dorf Eklutna mit seiner russisch-orthodoxen Kirche St. Nicholaus und dem Athabasken-Friedhof mit den bunten Geisterhäusern auf den Gräbern.

Tage beschäftigt ist man erst recht in Anchorage, der größten Stadt Alaskas. Wunderschön, lebhaft und vielfältig ist die Innenstadt, winzige russische Kirchen kauern neben Wolkenkratzern aus Glas, Totempfähle ragen vor Großkaufhäusern in den Himmel, Wandgemälde erstrecken sich über ganze Straßenzüge.

Die Nummer 1 behält der Highway auch südlich von Anchorage, sein Name aber wechselt von Glenn Highway zu Seward Highway. Die Kenai-Halbinsel, die diese Straße erschließt, gilt als die landschaftlich reizvollste Gegend in ganz Alaska. Und als Tierbeobachtungs-Paradies: Wale in den Meeresbuchten, Dallschafe an den Hängen, Elche in den Flüssen – und Bären mitten auf der Straße. Für zwei weitere von Alaskas 100 000 Gletschern sollte man sich Zeit nehmen: den in einen Bergsee kalbenden Portage-Gletscher im Norden und den Exit-Gletscher unten bei Seward.

Viele russische Ortschaften liegen auf der Kenai-Halbinsel – touristisch erschlossene wie Ninilchik, wo die wenigen verbliebenen russischen Einwohner jedem Besucher aus dem Weg gehen, weil sie die Fragen nach der russischen Vergangenheit Alaskas schon nicht mehr hören können; und winzige, versteckte Dörfer, in die kaum ein Tourist sich verirrt, wo die Menschen auch im Alltag die bunte russische Tracht tragen und so aufgeschlossen und gastfreundlich sind, dass man beschämt und mit guten Vorsätzen weiterfährt.

Orte zum Wohlfühlen sind auch die Küstenstädte Homer und Seward. Amerikanische Oldtown-Architektur spiegelt sich zusammen mit schneebedeckten Bergen im blauen Meer, in den Häfen drängen sich die Boote, abends werden die riesigen Heilbuttleiber gewogen, ausgenommen und frisch zubereitet. Beide haben ihre einzigartigen Attraktionen: Homer den Split, eine nadelförmige Landzunge mit Restaurant-Häuserzeilen wie aus dem Spielzeugland, Seward das «Sealife Center», einen Unterwasserzoo, in dem die Meeresfauna Alaskas nicht nur für Touristen ausgestellt, sondern vor allem wissenschaftlich erforscht wird. Hätte man mehrere Urlaubstage zu verbringen, man müsste sie aufteilen zwischen Seward und Homer – sie in einer der Städte verbringen, hieße in der anderen etwas versäumen.

Untouristisch und gerade deswegen reizvoll ist das Örtchen Hope. Von der einstigen Goldgräber-Boomtown stehen nur noch ein paar Häuser. Die Stadt schrumpfte jedoch nicht wegen Abwanderung zum Dorf, es war das Erdbeben von 1964, das Hope nahezu vernichtete: Drei Viertel der Stadt sanken infolge der Erdstöße unter den Meeresspiegel, nur bei Ebbe tritt das frühere Stadtgebiet aus dem Wasser. Einen Ausflug ist das, was von Hope noch übrig ist, auf jeden Fall wert. Das einzige Restaurant des Dörfchens ist eingerichtet wie eine Hütte in der Hütte, in weitläufigen Regalen stapeln sich Steine, getrocknete Gräser, ramponierte Dosen und rostiges Werkzeug. Etwas grollend tritt der einäugige Wirt seinen Gästen gegenüber, serviert dann aber ein Essen, das die Befangenheit sofort vertreibt. Neben der Erinnerung an Eindrücke wie diese kann man noch eine etwas schrullige Geschichte aus Hope mit nach Hause nehmen: Die Einwohner behaupten, in ihrer Stadt sei Alaskas erster Apfelbaum gepflanzt worden.

Der Künstler aus dem Tipi

Diese Stimme erreicht nicht nur die Ohren, sie dringt durch den ganzen Körper. Schon wenn er

In diesem Tipi-Blockhaus lebt der Künstler Leonard Menka

nächste Doppelseite: *Über 100 000 Gletscher gibt es in Alaska. Besonders sehenswert und faszinierend sind der Matanuska-Gletscher am Glenn Highway sowie Exit-Gletscher und Portage-Gletscher am Seward Highway*

übernächste Doppelseite: *Silbergrau leuchtet der Matanuska River aus den Wäldern entlang des Glenn Highways*

darauf folgende Doppelseite: *Eine Symphonie aus Blautönen: Die bizarre Eislandschaft des Portage Gletschers*

spricht, beherrscht Leonard Menka den Raum. Wenn er dann aber zu alten Indianerliedern ansetzt, sich dabei versteift und in leichte Trance zu fallen scheint, steigt die Stimme mit einem Druck aus seiner Kehle, der meterweit zu spüren ist.

Als *Indian Artist* bezeichnet der 55-jährige Leonard Menka sich selbst – als indianischen Künstler. Unweit des Ortes Chistochina lebt der Athabaske mit seiner Frau in einem Haus, das in der Form einem Tipi nachempfunden und von 24 Huskys umlagert ist. Alte Indianergesänge sind der seltener vorgebrachte Teil seiner Kunst; vorwiegend beschäftigt sich Leonard Menka mit Bildhauerei.

Früher ist er viel herumgezogen. Nachdem er in Fairbanks die High School abgeschlossen hatte, wanderte er zehn Jahre lang durch Kalifornien, lebte vom Schmuckverkauf, arbeitete bei Viehversteigerungen und im Straßenbau. In dieser Zeit fing er auch an, sich für die Rechte seines Volkes einzusetzen.

1974 entdeckte Leonard Menka sein künstlerisches Talent. Vor allem Adlerfiguren sind es, die er seitdem aus Wurzeln oder Elchgehörnen herausarbeitet. Neben der traditionellen Schnitzkunst seines Volkes hat er sich auch schon in anderen Bereichen versucht. Sein größter Erfolg: 1979 gestaltete er die Siegesmedaille des weltbekannten Iditarod-Hundeschlittenrennens.

Leonard Menka ist am Kontakt zu europäischen Kunstfreunden interessiert. Hier seine Adresse: Leonard Menka, P.O. Box 321, Gakona, Alaska.

Meist sind die Handtücher sauber

Die ganze Anlage verströmt noch immer die raue Gemütlichkeit des Pipelinebau-Feierabends: Die Räume der Container, in denen vor 20 Jahren die Arbeiter übernachtet haben, sind winzig, die Küche tischt dafür Riesenportionen auf, und zum Duschen muss man durchs Restaurant laufen. Polternd fällt die Werbung aus für dieses zum Frühstücks-Motel umfunktionierte Pipeline-Relikt bei Gakona Junction Village. «Meist sind unsere Handtücher sauber», heißt es da zum Beispiel in den Prospekten, oder: «Sie können bestellen, worauf Sie Lust haben, müssen aber essen, was auf den Tisch kommt!»

Wem in dieser Lodge eine Panne widerfährt, ein platter Reifen zum Beispiel, kann mit den außergewöhnlichsten Reaktionen rechnen. Der blond gelockte Jüngling an der Kasse der benachbarten Tankstelle, der erst drei Schubladen aufmacht, seinen Kugelschreiber herumzwirbelt und minutenlang Löcher in die Luft stiert, bevor er eine Frage beantwortet, hat für das Problem nur ein verständnisloses glucksendes Kichern übrig. Einer der Übernachtungsgäste aber, mag er auch der Tourismusdirektor von Kalifornien sein, kniet sich mit seinen frischen Jeans vors Auto und lässt nicht eher locker, bis er den Reifen gewechselt hat.

Frühstück nachts um halb vier

Steve Mobergs Sitzplatz ist eine kleine Insel von privatem Chaos inmitten geordneter Tischreihen und hochgestellter Stühle, die ihre Beine in Vierergruppen in die Luft strecken. Zeitungsblätter bedecken Steves Tisch, eng mit Notizen beschriebene Kalenderseiten und Prospekte, über all dem Papier eine bunte Kaffeetasse, ein Plastikbecher mit Wasser, ein angebissener Donut. Auf einem Wandgemälde direkt daneben braust ein einsamer Eskimo durch eine bläulich glitzernde Polarwelt.

Im Supermarkt von Palmer ist das Personal in der Mehrheit. Halb vier Uhr früh ist es, die Gebäckkringel in den Regalen sind ofenwarm, ein altes Männchen mit Dörrpflaumengesicht und Lärmschützern wie Mickymaus-Ohren schiebt eine Poliermaschine durch die menschenleeren Gänge. Draußen auf dem Parkplatz springt im Dämmerlicht der polaren Sommernacht ein langhaariger Jüngling aus einem Pick-up und geht ungerührt einkaufen, derweil er den Motor laufen lässt.

Was Steve Moberg mitten in der Nacht in den Supermarkt-Imbiss getrieben hat, bleibt unklar. Vielleicht kommt es in seinen wortreichen Ausführungen nicht vor, vielleicht aber entgeht uns die Information auch nur, weil wir noch wie betäubt sind um diese Zeit, daher noch nicht aufnahmefähig für viele Worte in einer fremden Sprache und ein Gespräch, das uns völlig überrumpelt.

Die Zeitverschiebung steckt uns in den Knochen. Unser verdrehtes Tag- und Nachtempfinden hat uns abends um sieben ins Bett steigen und erst mal wach liegen lassen, dann durch einen wirren Schlaf geschickt und um drei Uhr zurückgeholt –

unausgeschlafen, aber unfähig weiterzuschlafen. So fand Steve Moberg drei Zuhörer für seine Geschichte: geboren und aufgewachsen in Minnesota, vor 25 Jahren nach Alaska umgesiedelt, zwischendurch Militärzeit als Hubschrauberpilot im oberpfälzischen Grafenwöhr, derzeit in einer Wäscherei in Anchorage beschäftigt, in der Ausbildung zum Privatpiloten und mit einer jungen Frau aus Palmer liiert, daher in Palmer zu Besuch.

Aber warum zu dieser Zeit im Supermarkt, frisch rasiert und gekämmt, in Army-Hosen und Lederjacke – und nicht bei der Freundin? Steve legt mit einer Antwort los, aus der wir allerlei Details über fremde Menschen erfahren, erzählt in einer Vertraulichkeit, als würden wir sie kennen, und formuliert in Wendungen, als wären wir mit der örtlichen Mundart vertraut. Seine Geschichte wechselt sprunghaft von Alaskas Vergangenheit zur Gegenwart, weit entfernt von oder eng verknüpft mit Steve Mobergs persönlicher Vergangenheit und Gegenwart. Während wir zugehört und gefrühstückt haben, ist Steves Kaffee kalt geworden. Ein fester Händedruck zum Abschied.

Wir bezahlen, wollen hinaustreten in die Nacht, die hier nur der Uhrzeit nach Nacht zu nennen ist. Als wir uns noch einmal umdrehen, kommt hinter uns Steve Moberg angelaufen, überreicht uns ein Kärtchen mit einem Flugzeugbild der Alaska Airlines, auf das er seine Adresse geschrieben hat, wünscht uns abermals gute Reise und kehrt dann zurück zu dem kleinen Durcheinander, das er inmitten geordneter Tischreihen ausgebreitet hat, lässt sich nieder neben dem einsamen Eskimo, widmet sich wieder seiner Loseblattsammlung.

Geisterspuk über dem Leichenkeller

Früher war Roland Fellmans Haus ein Winterquartier für Leichen. Eine Art Wartehalle, in der

Nett hergerichtet, aber angeblich von Geistern heimgesucht: Roland Fellman wohnt mit seiner Gattin über einem früheren Leichenkeller

sich die Toten drängten, bis der Friedhofsboden im Frühling für Schaufeln wieder durchdringbar wurde. Seit der Erfindung von Presslufthammer und Friedhofsbagger können sich die Totengräber auch im Winter ans Werk machen. Die Verblichenen finden ohne Warteschleife ins Grab, und in einem Anbau über dem alten Friedhofsgemäuer wohnt nun Roland Fellman. Zusammen mit den Geistern der einst grablosen Leichen.

Eigentlich könnten Roland Fellman und seine Frau auch im Haus nebenan nächtigen. Aber es sind ja gute Geister, bei denen er eingezogen ist, und deshalb hat er das Nebengebäude zum Laden ausgebaut. Das Vordach dieses Ladens direkt am Old Glenn Highway bei Palmer macht ganzjährig mit lebensgroßen Maria- und Josef-Figuren samt Krippe auf sich aufmerksam und sieht im Innern aus wie eine Wohnung: Küche, Couch, Gummibaum – das alles kann man kaufen. Auch die goldenen Plastikkronen, das Elchgeweih, in dessen Schaufeln die Kronen liegen, das Spielzeugflugzeug an der Decke, die alte Standuhr, das Glas mit den Biberzähnen. Vor dem Haus hat Roland Fellman Dutzende ramponierter Oldtimer geparkt, teils noch fahrtüchtig, teils nur noch verschrammte Karossen. Tauschgeschäfte sind möglich: Ein Kunde bringt sein gebrauchtes Auto – und darf sich dafür aus dem Wohnungsladen was aussuchen, eine Radkappe zum Beispiel, einen Pistolengurt oder eine der lila Fenstergirlanden.

«Du bist verrückt mein Kind!» – Dieser eine Satz in perfektem Berlinerisch ist noch übrig von dem Deutsch, das Roland Fellman einst in Nebraska von seinem Großvater gelernt hat, der übrigens Totengräber war. In diese Fußstapfen wollte Roland Fellman nicht treten, obwohl er auf dem Friedhof aufgewachsen war. Er wanderte mit seiner Frau nach Alaska aus, um Gold zu suchen. Blieb glücklos und fand schließlich bei Palmer ein Heim, das dann doch wieder aufs Engste mit dem Beruf des Großvaters zu tun hatte.

Vielleicht empfingen die Geister ihn ja deshalb so freundlich. Um auf sich aufmerksam zu machen, lassen sie an windstillen Frühlingstagen gelegentlich die Wäscheleine schnalzen. Oder stellen sich bei Familienfeierlichkeiten heimlich mit auf zum Erinnerungsbild. In der Tat besitzt Roland Fellman ein Foto, auf dem drei unscharfe Flecken ihn und seine festlich gewandete Frau umringen. Ausgeschlossen, dass es sich um Entwicklungsfehler handeln könnte! Roland Fellman rückt die gelbe Schweißerbrille zurecht, die er als Sonnenbrille trägt, und identifiziert auf den Flecken hier einen Mund, dort eine Nase ... Oder war der Mund eher eines der Augen und das darüber die Nase? Wer einen Winter lang grablos war, kann bei der Materialisation schon mal mit den Proportionen durcheinander kommen.

Die Metropole zu Füßen

Unter allen hoch gelegenen Häusern, die vom Villenviertel der Stadt Anchorage über das weitmaschig geknüpfte Straßennetz schauen, hat das von Dr. Edmund Schuster den herausragenden Platz. Vor seiner Holzveranda breitet die ganze Stadt sich aus, zu erkennen sind der Flughafen, die beiden dominierenden Hochhäuser der Innenstadt, die Vororte, der Ozean. Der Lebensraum der 260 000 Einwohner von Anchorage, der Hälfte der Gesamtbevölkerung Alaskas, ist von diesem Ort, wie aus einem Flugzeug, auf einen Blick zu überschauen.

Im Rücken hat das schöne Haus nur Wildnis. Edmund Schuster und seine beiden Kinder Andrea und Martin leben direkt am Chugach State Park, haben hinter sich den Flat Top, den meistbestiegenen Gipfel Alaskas. Von Bergen umringt war Edmund Schuster schon in seiner Heimat Österreich. Dort aber fehlte ihm die Weite.

Edmund Schuster, 1935 im Kleinwalsertal geboren, zog es daher schon früh aus seinem Dorf fort, weg von seinen Eltern und sieben Geschwistern. Gelernt hatte er im Hotel- und Gaststättengewerbe, im Alter von 18 Jahren aber suchte er im saarländischen Kohlenbergbau sein Glück. Deutschland sollte nur eine kurze Zwischenstation werden, Edmund Schuster wollte in die Neue Welt auswandern, wollte Pionierarbeit leisten – und weil ihm die USA dafür bereits zu weit entwickelt waren, beantragte er ein Visum für Kanada. Sechs Monate musste er darauf warten, dann zog er im April 1957 nach Ontario.

Der Neuanfang dort war schwer, die ersten drei Jahre schuftete der junge Einwanderer in einem Uranbergwerk. Doch Edmund Schuster hatte nie vor, sein Leben lang Knochenarbeit zu verrichten. Schritt für Schritt und durch die verschiedensten Berufe kämpfte er sich nach oben. Nach drei

Auf dem Friedhof von Eklutna steht diese winzige russische Holzkirche

nächste Doppelseite:

- *Blick in den Leuchtturm-Saloon auf dem Split von Homer: Ein Treffpunkt für Seebären, Abenteurer und Touristen*
- *Impression an der Küste von Homer*
- *Stolze Angler mit ihrem Heilbutt-Fang*
- *Homer im Süden der Kenai-Halbinsel wirbt für sich als «Welthauptstadt des Heilbuttangelns»*

DAILEY
KONA
BIG SKY

FILTHY NASTY
DIRTY SOUTH
GOAT

Jahren als Berufsfeuerwehrmann machte er in Vancouver eine Ausbildung zum Zimmermann, dann beantragte er ein Visum für Alaska. Ursprünglich wollte er nach Fairbanks. Als aber am Karfreitag 1964 beim schwersten Erdbeben in der Geschichte Alaskas halb Anchorage unterging, änderte Edmund Schuster seine Pläne, denn im Wiederaufbau der Stadt sah er seine große persönliche Chance.

Brotarbeit und Einkommen waren nur ein Aspekt der Ortswahl. Fairbanks hatte es sein sollen wegen der dortigen Universität; doch auch Anchorage hatte damals schon eine Hochschule. Edmund Schuster studierte dort Geschichte und Volkswirtschaft, machte seinen Magister im Fach Arbeitsbeziehungen und promovierte schließlich in Soziologie. 1970 wurde er als Dozent an der Universität von Anchorage eingestellt, wo er bis 1990 blieb.

Die einzige Erwerbsquelle aber war seine Lehrtätigkeit nicht. Während der Wintermonate, in denen die Universität ihn nicht beschäftigte, baute Edmund Schuster sich ein eigenes Unternehmen auf. Die Wahl des Gewerbes war Zufall: Der junge Hochschullehrer hatte sich 1972 Grundbesitz in der bei Anchorage gelegenen Ortschaft Glen Alps gekauft. Die Straßen und Pisten dort waren in miserablem Zustand, und schon damals war abzusehen, dass Glen Alps eines Tages Stadtteil der schnell wachsenden Metropole Anchorage sein würde. Also stieg Edmund Schuster ins Straßenausbesserungs- und Winterdienstgeschäft ein.

Seine Firma leitet er heute noch, doch der Ausstieg ist schon beschlossen. Bald wird die mehrstöckige Villa fertig sein, die sich Edmund Schuster in Sichtweite seines jetzigen Grundstückes als Altersruhesitz baut. Ein bisschen höher noch liegt sie als das bisherige Haus, noch weiträumiger wird der Blick über Anchorage sein. Sobald der Umzug überstanden sein wird, will Dr. Edmund Schuster seine Firma verkaufen. Er will dann nur noch die kleine Wetterstation hinter dem Haus betreiben, endlich seine vielen Bücher lesen und im Chugach State Park wandern. Hinunter in die laute, verkehrsreiche Stadt hat er sich nie gerne aufgemacht. Nach seinem Rückzug aus dem Berufsleben wird er sich die halbstündige kurvenreiche und hektische Fahrt durch Alaskas einzige Metropole noch seltener zumuten. Dafür aber den stillen Blick darauf noch mehr genießen.

Im Zickzack nach Alaska

Das Auto ist alt, aber sein Geld wert: Für 8000 Dollar wollen die Oldtimer-Freunde Horacio Reggi und Osvaldo Rodriguez ihren 1934er-Ford V8 weggeben. Der Verkauf fällt den beiden Argentiniern doppelt schwer: Sie trennen sich damit nicht nur von einem raren Sammlerstück, sie verabschieden sich auch von einem treuen Freund, der sie eine halbe Weltreise lang begleitet hat. Denn Horacio Reggi und Osvaldo Rodriguez haben mit ihrem V8 den amerikanischen Doppelkontinent von Süden nach Norden durchquert – von der Südspitze Feuerlands bis Anchorage in Alaska. Mit dem zweieinhalbmonatigen Zickzackkurs erfüllten sich die beiden Weltenbummler ihre alte Sehnsucht, möglichst viele Regionen Amerikas kennen zu lernen, und sei es auch nur vom Highway aus.

Schon einmal haben Horacio Reggi und Osvaldo Rodriguez ein großes Stück der Neuen Welt gemächlich im Oldtimer durchmessen, damals von Argentinien bis Miami und zurück. Ein Zurück hätte den beiden Geschäftsleuten bei der zweiten Reise von Alaska aus aber zu lange gedauert. Daher suchten sie Kontakt zum Oldtimer-Club von Anchorage, dem «Antique Auto Mushers of Alaska», in der Hoffnung, einen Käufer zu finden, der den Ford V8 so behandelt, wie es sich geziemt: wie einen Veteranen, der Respekt verdient, aber noch zu rüstig ist fürs Museum.

Ein sicherer Hafen für gestrandete Frauen

Joyce Ekoryuk hat Schläge einstecken müssen, von denen sich manch andere Frau nie erholt hätte. Im Alter von 18 Jahren zog sie 1972 aus ihrem Heimatdorf auf Nunivak Island in die Großstadt Anchorage. Der Umzug war eine Art Flucht: Joyce war nicht klargekommen mit dem Zerstörungswerk, das der Alkohol in ihrer Gemeinde angerichtet hatte. Doch auch in ihrer neuen Heimat sollte sie vorerst zu keinem geregelten Leben finden. Auf eine Großstadt wie Anchorage war das junge Eskimo-Mädchen nicht vorbereitet.

Fernsehgeräte hielt sie zu dieser Zeit noch für Schachteln, in denen winzige Menschen leben, die den ganzen Tag Theater spielen. Als die Hotelmiete ihr Erspartes aufgezehrt hatte, landete Joyce auf der Straße. Für sechs lange Jahre ging es tiefer und tiefer bergab – bis sich die Gestrandete schwor: Den ersten Mann, der mir einen Heiratsantrag macht, den nehme ich!

Es sollte ein Army-Soldat sein. Drei Kinder gingen aus der Verbindung hervor, insgesamt sechs Jahre verbrachte Joyce mit ihrem Mann in Deutschland. Dann zerbrach die Ehe. Drei Kinder und kein Mann – wieder drohte Joyce, zurück in Anchorage, das soziale Abseits. Doch diesmal tat sich eine Notbrücke auf, die von Bestand sein sollte.

Als John Teal 1964 in Fairbanks eine Moschusochsenfarm gründete, hatte er zunächst ein reines Tierschutzprojekt im Sinn. Die urzeitlichen Wiederkäuer waren in Alaska ausgerottet und erst 1930 mit 34 Tieren neu angesiedelt worden. Die Farm sollte ein Beitrag zur schnelleren Aufstockung des Bestandes sein. Das Projekt entwickelte sich in die geplante, aber auch noch in eine unvorhergesehene Richtung.

Bis zu drei Kilo Winterfell wirft jeder Moschusochse zu Frühlingsbeginn ab. Dieses Fell ist achtmal wärmer als Schafwolle und lässt sich zu 70 Prozent verspinnen. Die Schals und Mützen, die daraus gestrickt werden können, sind leicht, weich und langlebig und werden in Alaska gerne gekauft. John Teal erweiterte seine Farm daher bald um Spinnerei und Strickerei, die jedoch, nach Vorbild des Zuchtprojektes, keine kommerziellen Betriebe sein sollten, sondern ebenfalls Hilfsprojekte.

Viele Eskimo-Frauen in den entlegenen Dörfern Alaskas leben heute noch weitgehend so wie früher: Sie sammeln Beeren, trocknen Fisch, flechten Körbe, kümmern sich um ihre Kinder. Für den Lebensunterhalt aber reichen die traditionellen Arbeiten in einer Zeit, da die Zivilisation praktisch jedes Dorf erreicht und Bedürfnisse geweckt hat, nicht mehr aus; und sie beschäftigen die Frauen auch nicht das ganze Jahr über. Jobs, mit denen sie

Joyce Ekoryuk und Sigrun Robertson prüfen die Qualität einer neuen Lieferung Moschusochsen-Wolle

nächste Doppelseite: *Verträumte Seen am Alaska Highway*

übernächste Doppelseite:
- *Eisberg im Portage-See*
- *Der Matanuska-Gletscher umgibt sich mit einem weitläufigen Moränenfeld (unten und großes Bild)*

darauf folgende Doppelseite: *Egal, wie einsam die Menschen in Alaska oder Yukon auch wohnen, überall verschönern sie ihre Anwesen mit liebevoll gestalteten Briefkästen oder allerlei Zierrat an den Hüttenwänden*

2445

U.S. MAIL
U.S. MAIL

PIONEER
LIQUOR'S
OPEN
LEROUX
Miller High Life

sich in ihrer Heimat ein bisschen Geld verdienen könnten, gibt es jedoch kaum.

In diesem Mangel fand John Teal seine Aufgabe. Er lagerte 1969 die nötigen Arbeiten in die Dörfer aus, half damit den Frauen, gewann aber auch Schals und Mützen, die nicht einfach nur Strickprodukte waren, sondern echte Eskimo-Kunst. Der Erfolg der Idee machte bald Umstrukturierungen nötig. Spinnerei und Strickerei fanden unter dem Dach einer Genossenschaft namens «Oomingmak» zusammen und wurden ausgelagert. Die 250 Eskimo-Frauen, die heute für «Oomingmak» arbeiten, sind zugleich auch die Eigentümerinnen und am Gewinn beteiligt. Die Moschusochsenfarm, von der aus jährlich 300 bis 400 Kilo Fell an die Genossenschaft geliefert werden, fand einen dauerhaften Platz bei Palmer und wird heute von John Teals Sohn Lansing Teal geleitet.

Sitz der Genossenschaft und Verkaufsstelle ihrer Produkte ist ein kleines Haus in der Innenstadt von Anchorage. Acht der 250 Eskimo-Frauen haben hier einen festen Arbeitsplatz vor Ort gefunden – darunter auch Joyce Ekoryuk. Nach den harten Jahren, die sie durchleiden musste, nachdem sie ihr Dorf verlassen hatte, hat sie hier endlich einen sicheren Hafen gefunden.

Kapitänin dieses Hafens ist seit den Anfangstagen der Genossenschaft die gebürtige Schwedin Sigrun Robertson. Auch in ihrer Vergangenheit gab es drastische Wendungen, der Weg allerdings verlief auf der Sonnenseite des Lebens. Sigrun Robertson, 1942 in Stockholm geboren, studierte die Sprachen Deutsch, Englisch und Französisch. Um ihre Kenntnisse zu vertiefen, lebte sie über Jahre hinweg abwechselnd in Deutschland, der Schweiz, England und Amerika. In San Francisco lernte sie ihren Mann kennen, einen Architekten, und die beiden zogen berufsbedingt nach Alaska.

Zum Entsetzen ihrer wohlhabenden Eltern lebten Sigrun Robertson und ihr Mann dort nicht in einem Haus, sondern in einer rohen Hütte mit Plumpsklo – 20 Minuten von Fairbanks entfernt im Urwald. Jahrelang verzichteten die jungen Leute freiwillig auf Strom und fließendes Wasser. Erst als ihr erster Sohn geboren wurde, zogen sie in ein richtiges Haus. 1969 stieß Sigrun Robertson zum Moschusochsen-Projekt.

Viele Probleme habe das Leben in der Hütte mit sich gebracht, sagt Sigrun Robertson heute, aber auch viel Spaß. In dieser Zeit habe sie gelernt zu improvisieren. Und sie hat Einblick gewonnen, unter welch einfachen Bedingungen manche Menschen ihr Leben fristen. Durch diese Erfahrung sind ihr die Eskimo-Frauen ihrer Genossenschaft weit näher, als sie es als Angestellte normalerweise wären. Für Sigrun Robertson, die auf das Einkommen nicht unbedingt angewiesen ist und die mit der trotz allen Erfolges recht instabilen Genossenschaft außerdem mehr als genug Probleme hat, sind diese zurückhaltenden und bescheidenen Frauen sogar der einzige Grund, weiterhin jeden Tag ins Büro zu gehen.

Interview mit einer lebenden Legende

Vor 15 Jahren fiel die Wahl auf George Bryson. Der damals 35 Jahre alte Reporter durfte als Exklusiv-Berichterstatter das Iditarod-Hundeschlittenrennen begleiten, das Jahr für Jahr von Anchorage nach Nome führt – mitten durch die eisige Winterwildnis Alaskas. Zuerst mit dem Sportflugzeug, dann mit dem Schneemobil folgte George Bryson den Teilnehmern, berichtete über den Verlauf des Rennens, über Orte, zu denen sonst niemand kommt, und über die selbst auferlegten Leiden der *Musher*, über Kälte, Dunkelheit, Schlaflosigkeit und Überanstrengung. Einen vollen Monat Arbeit musste George Bryson in dieses Rennen stecken. Die Story, die dabei herauskam, hält er heute für die interessanteste seiner gesamten Reporterlaufbahn.

Dabei hat George Bryson in seinem Journalistenleben in Alaska viele faszinierende Seiten des Landes kennen gelernt und etliche bedeutende Artikel darüber geschrieben. Als 30-Jähriger war er während der Reagan-Ära politischer Korrespondent in Washington – eine Zeit, in der Entscheidungen mit weitreichenden Folgen für Alaska zu besprechen gewesen seien. Als der weltbekannte Bestsellerautor James A. Michener 1985 mehrere Monate in Sitka weilte, um für seinen Roman *Alaska* zu recherchieren, führte George Bryson gleich mehrere lange Gespräche mit ihm und porträtierte Arbeit und Leben des Schriftstellers, der schon damals eine lebende Legende war, in einer langen, vielschichtig angelegten Reportage.

Im Außendienst ist George Bryson kaum noch. Bei der *Anchorage Daily News*, der größten Zeitung Alaskas, ist er verantwortlich für die Sonntagsbeilage *We Alaskans*. Seit 20 Jahren arbeitet der gebürtige Südkalifornier inzwischen schon für die *Anchorage Daily News*. Sein Arbeitszimmer grenzt direkt an den Nachrichtenraum der Zeitung, ein Großraumbüro, in dem rund 100 Mitarbeiter Schreibtisch an Schreibtisch sitzen. Ganze 16 Seiten muss George Bryson in jeder Woche füllen. Als Mitarbeiter steht ihm ein fest angestellter Reporter zur Verfügung – und er kann auf die freien Mitarbeiter der Zeitung zurückgreifen, die überall in Alaska verstreut leben, auch abseits aller Straßen, tief im Busch.

George Bryson wohnt weder im Busch noch in der Stadt, und hat doch von beidem etwas. Denn von seinem schönen neuen Haus, in dem er mit seiner Frau und seinen drei Töchtern am Rande von Anchorage lebt, kann er die Innenstadt leicht erreichen – und dennoch liegt sein Grundstück nah genug an der Wildnis, um immer mal wieder einen Elch oder Grizzly im Garten beobachten zu können. Dort draußen geht George Bryson einer Leidenschaft nach, die er erst spät für sich entdeckt hat, und die doch, wie er sagt, sein Leben verändert hat: Der 50-Jährige (1998) trainiert für Marathonläufe.

Seine Kondition bringt er dann nicht nur bei den gängigen Wettkämpfen zum Einsatz, er nimmt auch Teil an einem in Alaska einzigartigen Spektakel, dem jährlichen Berglauf in Seward. Von dem Küstenstädtchen, in dem im Sommer die Hitze steht, rennt er mit einer Horde von Extrem-Athleten in der Rekordzeit von knapp einer Stunde auf einen der schneebedeckten Berge. Ein bisschen kommt George Bryson bei diesem Wettkampf in Berührung mit dem vergessenen Thema aus Reportertagen, dem Iditarod-Rennen. Nur dass er diesmal, in stark verkürzter Form freilich, am eigenen Leib erlebt, wie es ist, an einem Wettkampf teilzunehmen, auf den die Medien sich stürzen.

George Bryson, Redakteur der Anchorage Daily News, mit der Beilage, in der er über die Arbeit des weltbekannten Bestseller-Autors James Michener am Roman «Alaska» berichtete

nächste Doppelseite:
- *Der «Burger Jim», ein Diner in Anchorage*
- *Auf dem Friedhof von Eklutna sind die Gräber mit sogenannten Geisterhäusern geschmückt*
- *Im Vorgarten gestrandet: Dieses alte Boot steht mitten im Ortskern von Ninilchik*
- *Lok der Alaska Railroad im Bahnhof von Seward*

übernächste Doppelseite: Eisberge und bizarre Eisbrocken des Aialik-Gletschers

BURGER
JIM
SANDWICHES
BURGER JIM

3009
3009

009
3009
ALASKA
ALAS

Biss ins Pferdeohr

«Cowboy ist man im Herzen. Es hat nichts mit dem zu tun, was man im Augenblick gerade tut, sondern damit, was man im Innersten fühlt.»

Tod Brewer streicht im Augenblick gerade einen Hangar mit himmelblauer Farbe. Der 1968 geborene ist weit entfernt von Wyoming, dem Land, in dem er die meiste Zeit seines Lebens als Cowboy und Farmer gearbeitet hat. Vor zwei Jahren hat es ihn nach Alaska verschlagen, nach Anchorage schließlich, wo er derzeit als Autoschlosser jobbt, an diesem Tag aber seinem Bekannten Vern Ulmer hilft, dessen Sportflugzeug-Hangar mit frischer Farbe aufzupeppen.

Zur Hand geht ihm dabei Jim Farr – ebenfalls kein gelernter Maler. Richter ist er zuletzt gewesen, 14 Jahre lang. Anfangs 1998 hat der 45-Jährige den Dienst quittiert, um sich klar darüber zu werden, ob er künftig weiter die Robe tragen oder wieder, wie in seinen Anfangstagen, als Rechtsanwalt selbständig sein will. Die Zeit, bis die Entscheidung gefallen sein wird, überbrückt er als rechte Hand seines Kumpels Vern Ulmer. Nicht nur bei groben Arbeiten wie dem Streichen des Hangars packt er mit an, auch in geschäftlichen Dingen steht er Vern und dessen Unternehmen «Vernair» zur Seite, vor allem im Bereich Werbung.

Denn Werbung ist alles in Verns Geschäft. Sein Hangar mit den beiden Maschinen, die er besitzt, liegt am Rande des Merrill-Field-Sportflugplatzes, der mit 900 hier geparkten Privatfliegern als der größte der Welt gilt. Um sich unter den vielen anderen Kleinunternehmen zu behaupten, die ebenfalls Flüge zum Mount McKinley und anderen Sehenswürdigkeiten Alaskas anbieten, krempelt Vern Ulmer derzeit seinen ganzen Hangar um: frische Farbe, neue und größere Büroräume, eine Empfangshalle, in der die Touristen auf ihren Flug warten und sich über «Vernair» informieren können.

Vern Ulmer, ein Quereinsteiger: geboren in Mississippi, mit 21 zur Army, mit 37 nach Anchorage versetzt, mit 42 ausgeschieden, um als Mechaniker mehr Geld zu verdienen. Dann die Fluglizenz gemacht und damit die wahre Bestimmung entdeckt. Vern Ulmer will Alaska-Besuchern zeigen, wie schön das Land ist. Auch wenn er mit 65 inzwischen doppelt so alt ist wie sein ältestes Flugzeug, jetzt geht's erst richtig los, denn: «Meine Arbeit ist für mich wie Urlaub.»

Irgendwie ist ja auch für Jim Farr die Arbeit bei Vern wie Urlaub. Im Freien sein, das mag er. Im Büro sitzt er nicht so gern. Deshalb hat er auch, als er nach seinem Jurastudium in Indiana im Alter von 27 Jahren nach Alaska kam, zunächst nicht als Rechtsanwalt gearbeitet, sondern als Maschinist. Erst als er die Möglichkeit bekam, in einem Eskimo-Dorf abseits in der Wildnis zu praktizieren, stieg er in seinen Beruf ein. Und nur weil seine Frau, eine Ärztin, die er im Busch kennen gelernt hatte, eine Stelle in Anchorage annahm, hat er die Wildnis wieder verlassen.

Auch Tod Brewer hat mal abseits von Alaskas Straßen und Städten gearbeitet. Unweit des Denali National Park war er Führer für Pferde-Ausritte bei der «Alaskan Trail Rides Inc.» seines Bekannten Dean Thompson. In Alaska hat Tod schon als Truckfahrer, als Fischer in der Beringsee und als Mechaniker gearbeitet. Der Job mit den Pferden aber war der beste. Tod Brewer konnte reiten, bevor er laufen lernte. Pferde, seine besten Freunde, über die Ohren steuert er sie: Sie dort zu streicheln, sei ihnen die schönste Belohnung, sie hineinzubeißen die größte Strafe. Einmal habe er in Wyoming einen Gaul zugeritten, der sei so bockig gewesen, dass keiner ihn haben wollte. Tod nahm ihn, bändigte ihn. Auf diesem Pferd sei er dann bei eisiger Kälte im Sattel eingeschlafen und wäre wohl erfroren, hätte das als bösartig verrufene Tier ihn nicht vorsichtig geweckt. Das war Tod Brewers schönstes Erlebnis.

Das Weiß des Hangars verschwindet unter frischem Himmelblau. Es ist Verns Traum, der da Gestalt annimmt. Jim hilft ihm dabei, solange er sich noch nicht klar ist, was er selbst vom Leben

Auf der Suche nach dem richtigen Lebensweg in Alaska: Jim Farr ist sich nicht sicher, ob er weiter als Richter oder wieder als Rechtsanwalt arbeiten soll. Daher hat er die Robe mit dem Blaumann getauscht und streicht einen Flugzeughangar

Tod Brewer träumt davon, von Alaska nach Florida zu reiten. Vern Ulmer hat die Army verlassen und sich mit «Vernair» ein eigenes Unternehmen aufgebaut

nächste Doppelseite:
- *Aus Elchgeweihen schnitzt der Künstler Leonard Menka fliegende Weißkopfseeadler*
- *Fisch mit Möwe – ein Schnappschuss in Seward*
- *Aus Plastik oder echt? Erfolgreicher Angler in Seward*
- *Kettensägen-Kunst am Seward Highway*

übernächste Doppelseite: Glänzend wie flüssiges Silber: der Matanuska River bei Palmer

SEWARD ALASKA

OFFICIAL WEIGH IN
ters • Bait • Tackle • Equipment
800-257-7760
(907) 224-3674
Fax 224-7108

erhofft. Tod liegt genau dazwischen. Er hat Traum und Lebensziel klar unterschieden, ist aber von beidem noch weit entfernt. Auf sein Ziel, in Alaska eine eigene Ranch aufzubauen, spart er; auf seinen Traum kann er nicht hinarbeiten, da wartet er auf ein inneres Signal. Bis der Cowboy, der er im Herzen ist, ihm sagt: «Hey, jetzt ist es so weit. Sattle deine Pferde und reite los.» Dann wird Tod Brewer die Sporen wieder anlegen und von Alaska bis runter nach Florida reiten. Dann wird das, was er im Innersten fühlt, wieder das sein, was er im Augenblick gerade tut.

Kaffee und Fotos aus dem Schulbus

Der alte Schulbus trägt den Namen «Bluebird Café», aber die Bezeichnung ist etwas untertrieben. Denn nicht nur Kaffeehaus auf Rädern ist das gelbe Gefährt, auch ein hochmodernes Computer-Fotolabor ist darin untergebracht. So ganz nebenbei ist der Bus noch fahrbarer Untersatz für mittlere Weltreisen.

Schon den achten Sommer hintereinander verbringen Karen Taylor und Scott Johnson aus Salt Lake City in Alaska. Anfangs haben die beiden sich ihren Aufenthalt als Bedienung beziehungsweise Schreiner verdient. Erst vor einem Jahr hatten sie die Idee mit dem Schulbus, richteten ihn mit Kaffeemaschinen und Computern ein. Und ersannen eine simple, aber einträgliche Doppelstrategie.

Während der Sommermonate in Alaska kurven die beiden zwischen Musikfestivals und Rafting-Flüssen hin und her. Bei den Festivals bereitet Scott für die Musikfans Kaffee und Lasagne, beides wird dankbar abgenommen. An den Flüssen fotografiert Karen mit ihrer Digitalkamera die Wildwasserfahrer, überträgt die Bilder auf ihren Laptop, druckt sie im Bus aus – und kaum ist die Rafter-Truppe am Ziel, kann Karen schon die Fotos der Fahrt vorlegen. Es gibt keinen der patschnassen Touristen, der nicht begeistert sein Bild als Andenken kaufen würde.

Aussehen und Buspendelei lassen Karen und Scott wirken wie rastlose Blumenkinder. Daheim in Utah aber führen sie ein bodenständiges Leben. Er hat einen festen Job als Schreiner, sie eine lohnende Anstellung als Fotografin. Eine Prachtvilla haben sie, in der auch ein Millionär zu Hause sein könnte. Dass sie im Sommer auf das schöne Haus verzichten, es vermieten und monatelang in einem winzigen Anhänger hinter dem Bus schlafen, begründen Karen Taylor und Scott Johnson zunächst mit der reizvollen Wildnis Alaskas, mit dem weiten offenen Raum dort, entdecken dann aber selbst, dass sie den Kern ihrer Sehnsucht eigentlich nicht erklären können: «Wir sind eben wie die Lachse. Die wissen nicht warum, aber sie müssen einfach zurückkehren.»

Bowlingbahn auf Reisen

Beim ersten Versuch wäre das Haus fast umgekippt. Einer der T-Träger hatte nachgegeben, als der Lader anhob, und das Gebäude geriet dabei ins Rutschen. Bis zum nächsten Anlauf muss das Haus halb über eine der Hauptstraßen ragend stehen bleiben – mitten in der Altstadt von Seward. Für die Polizei ein Riesenärgernis: Der Unabhängigkeitstag stand bevor, und da die Parade in Seward als die größte der Vereinigten Staaten gilt, strömen gewöhnlich Tausende von Besuchern in die Stadt.

Dass ganze Gebäude versetzt werden, ist in Amerika nichts Ungewöhnliches. Was da in Seward auf Reisen gehen soll, ist allerdings kein Haus wie jedes andere – der 1918 errichtete Flachbau ist die bekannteste Bowlingbahn Alaskas. Seit 1964 finden hier die Landesmeisterschaften statt. Kein Wunder also, dass sich Widerstand regte, als die Bowlingbahn abgerissen werden sollte, um einem neuen Hotel Platz zu machen.

Der bisherige Besitzer hatte weder das Geld noch die nötigen Fachkenntnisse, sein Eigentum zu retten. Alec Branson aber hat beides. Der 32-jährige Unternehmer baut mit seiner Firma Stahlhäuser in ganz Alaska und hat schon mehrere Gebäude bewegt. Allerdings noch keines, das 33 Meter lang, 140 Tonnen schwer und 80 Jahre alt ist. «Das könnte das älteste und größte Haus sein, das in Amerika je versetzt wurde», dachte sich Branson – und nahm die Herausforderung an.

Rund 20 Handwerker arbeiteten einen Monat lang, um die Bowlingbahn auf Räder zu setzen. Mit Kettensägen wurde zunächst das Dach abgetrennt und schon mal zum neuen Standort transpor-

• Haus auf Rädern: Lark Napir schaut aus der Hintertür der bekanntesten Bowlingbahn Alaskas, die von ihrem ursprünglichen Platz ans andere Ende von Seward versetzt werden soll • Karen Taylor und Scott Johnson bereisen Alaska in einem alten Schulbus

nächste Doppelseite: Alaska, Land der wilden Tiere: Überall entlang des Highways sieht man Elche, und bei jeder Bootstour hinaus aufs offene Meer kann man Seehunde beobachten

tiert, der acht Kilometer entfernt am anderen Ende der Stadt liegt. Bis auf Bowlingbahn, Bar, Treppe und ein paar Stühle wurde auch die Einrichtung vorausgeschickt. Dann fixierten die Arbeiter die Wände mit Stahlseilen, lösten das Haus mit Presslufthämmern von seinem Fundament, schoben Gummischläuche unter die Wände, pumpten sie auf und lifteten das Gebäude damit hoch genug, um Stahlrohre darunter schieben zu können. Auf diesen Rohren wurde das Haus von seinem bisherigen Platz bis in die Mitte der Straße gerollt, wo es an einen Truck gekoppelt werden soll.

Was am neuen Standort mit dem Haus passieren wird, dafür sind die Pläne längst ausgearbeitet. Alec Branson hat seinen 33-jährigen Kumpel Lark Napir zum künftigen Manager der Bowlingbahn gemacht. Unter dessen Leitung soll zwischen das jetzige Haus und das Dach noch ein Stockwerk eingezogen und als Motel eingerichtet werden. An der mit Holz verkleideten Vorderfront soll dann der Name «Dreamland» prangen und ausdrücken, dass mit der Versetzung des Gebäudes ein Traum wahr geworden ist. Schon in drei Monaten soll im «Dreamland» wieder Bowling gespielt werden.

Verwüstet wie das Haus derzeit im Innern aussieht, können Alec Branson und Lark Napir bis dahin keinen Augenblick verschnaufen. Doch vor Renovierung, Anbau und Wiedereröffnung steht den beiden erst mal noch der haarigste Teil des Unternehmens bevor: Das zwölf Meter breite Haus muss acht Kilometer weit durch die engen Straßen der Touristenstadt gezogen werden.

«Könnte knapp werden», sagt Alec Branson beiläufig. Natürlich ist er den geplanten Weg mehrfach abgefahren und hat die Engpässe vermessen. Ansonsten verlässt er sich auf sein Glück. Am Unabhängigkeitstag war es ihm ja auch treu: Obwohl die 6000-Einwohner-Stadt mit 20 000 Parade-Zuschauern – in Seward selbst sprach man von 80 000 – den größten Besucheransturm seiner Geschichte erlebte, blieben größere Pannen infolge der blockierten Hauptstraße aus. Die Zeitungen berichteten zwar davon, dass nach kurzer Zeit schon das Bier aus war, dass die Restaurants leer gefuttert waren und schließen mussten, dass man sich kaum retten konnte vor Müll und dass die Gäste sich über die an diesem Tag willkürlich in die Höhe geschraubten Preise beschwerten. Das auf der Hauptstraße geparkte Haus aber tauchte in der Liste der Ärgernisse nicht auf.

Kettensägen-Kunst

Früher hat Jim Thomas mit seiner Kettensäge Redwood-Bäume in Nordkalifornien niedergemacht. In Alaska nutzt er sein jaulendes Werkzeug aufbauender. Aus Fichtenholz, das nicht der Mensch, sondern der Borkenkäfer getötet hat, arbeitet der 1958 geborene gelernte Schreiner mit seiner Kettensäge die Formen von Bären heraus, von Weißkopfseeadlern, Pilzen und springenden Lachsen. Seine bis zu einem Meter großen Kunstwerke verkauft Jim Thomas dort, wo er sie anfertigt: bei Cooper Landing am Seward Highway, direkt neben einem stillen hellblauen Gletschersee.

Jim Thomas, der Kettensägen-Bildhauer, vor allem ist er ein Lebenskünstler. Zwar hält er Disziplin mit dem täglichen Arbeitsbeginn: Morgen für Morgen wirft er die Kettensäge um Punkt acht Uhr an; sein Arbeitsrhythmus aber schwankt dann zwischen Phasen energischer Konzentration, wildem, kraftvollem Schaffen, dass die Späne fliegen – und langen Bierpausen am See, eingeschoben und ausgedehnt nach Lust und Laune. So will er leben, nach seiner inneren Uhr das Dasein genießen.

Dass er damit richtig liegt, zeigen seine Kunstwerke. Naturgetreu sind sie, und doch eigenwillig, trotz des groben Zerstörungswerkzeugs erstaunlich detailliert gearbeitet und liebevoll verfeinert. Das dunkle Braun der Grizzlybären erzielt Jim Thomas mit weiterem brachialem Gerät: Die fertig ausgesägten Figuren röstet er mit dem Flammenwerfer und geht anschließend mit der Drahtbürste drüber.

Der Gesundheit ist Jim Thomas' künstlerische Arbeit nicht unbedingt zuträglich. Weil Schutzbrillen bei der schweißtreibenden Arbeit beschlagen, kneift er seine Augen nur zusammen und setzt sie ansonsten ungeschützt den herumspritzenden Spänen aus. Die schwere, vibrierende Kettensäge ständig mit ausgestreckten Armen auf Hüfthöhe zu halten, belastet den Rücken und bescherte ihm ein schmerzhaft geschwollenes Überbein am Handgelenk.

Gedanken macht er sich nicht darüber. So gewissenhaft und zügig Jim Thomas seine Kunst fertigt, so wenig ist sie ihm Lebenszweck, und daher rechnet er gar nicht damit, sich über Jahre mit ihren negativen Seiten herumzuplagen. Angefangen hat er, weil er andere Holzkünstler mit der Kettensäge arbeiten sah und der Meinung war: Das kann ich auch! Was danach kommt, daran denkt er nur, wenn andere ihn darauf bringen, denkt dann an die langen und eisigen Alaska-Winter, denkt daran, vielleicht nach Arizona zu gehen, wenn es Herbst wird. Und dort irgendwas ganz anderes zu machen. Was – das will er sich erst überlegen, wenn es so weit sein wird. Schiebt die Zigarette in den Mundwinkel, packt sich eine seiner vier Kettensägen, schneidet und sticht damit auf einen Holzklotz ein. Und vergisst die Welt für die eine Stunde, bis ein Bär daraus hervorgegangen sein wird.

Eheberatung vom Heilbutt-Kapitän

Den Spaß haben die anderen, die Arbeit hat er: In unförmigen orangen Gummihosen wuchtet Gene Mangairgi die massigen, glitschigen, fischig miefenden Heilbuttleiber, die andere geangelt haben, über nasse Holzplanken, schlitzt sie auf, weidet sie aus und zerlegt sie in handliche Stücke. Nur eine Portion davon behält er für sich. Den Rest schleppen seine Angelkunden in großen Kühltaschen nach Hause.

Das öffentliche Schlachten mitten auf dem Split von Homer beschließt für Gene Mangairgi, Jahrgang 1943, den Arbeitstag. Davor ist er die meiste Zeit mit seinem Schiff auf See und fährt Angeltouristen zu den Stellen, wo die Heilbutte sich flach auf den Meeresgrund drücken. Dass jeder der Angler mit mindestens einem Fisch an Land geht, kann Gene Mangairgi fast schon garantieren. Wie schwer der Fang sein wird, ist Glückssache. Die Statistik seiner bisherigen Touren aber liest sich wie ein Versprechen auf fette Beute. Der 120-Pfund-Heilbutt jedenfalls, der die übrigen zehn gefangenen Artgenossen dieses Tages wie Babys aussehen lässt, zählt für Gene Mangairgi zu den kleinen Fischen. Erst ab über 300 Pfund beginnt seiner Erfahrung nach der Bereich der Rekordbeute.

Weil er in einsamen, aber fischreichen Meeren angeln wollte, ist Gene Mangairgi vor 25 Jahren von New York nach Alaska gezogen, zunächst hoch an die Nordküste. Dort aber vermisste er sein Hobby, das Skifahren. In Homer schließlich fand er beides: reiche Fanggründe und gleich daneben hohe, schneebedeckte Berge. Auf seinem Boot an der Küste der «Welthauptstadt des Heilbutt-Angelns» aber verbringt er nur die Werktage der Monate Mai bis September. Im Winter lebt er

Künstler mit Kettensäge: Eine Stunde braucht Jim Thomas, um aus einem Holzklotz die Figur eines Bären herauszuarbeiten

• Bergsee auf der Strecke nach Homer
• Ninilchik stammt aus der Zeit vor dem Verkauf Alaska an die Vereinigten Staaten. Russische Einwohner findet man hier aber kaum noc

Wenn der Aialik-Gletscher kalbt, stürzen Eisbrocken, oft größer als Häuser, ins Meer

Gene Mangairgi, von Beruf Eheberater, jobbt im Sommer als Kapitän für Angeltouristen. Jeden Abend muss er den Fang seiner Fahrgäste schlachten und ausnehmen

durchgehend in seinem Haus in Anchorage – und geht dort einem völlig anderen Beruf nach: Gene Mangairgi, der Heilbutt-Kapitän aus Leidenschaft, ist eigentlich gelernter Eheberater. In den 25 Jahren seiner eigenen Ehe hat er dafür reichlich Erfahrung gesammelt. Und einen schöneren Ausgleich zum sommerlichen Fischeschlachten kann sich Gene Mangairgi als Eheberater auch gar nicht wünschen: Denn bei diesem Job haben die anderen den Ärger – und er vielleicht so manchen vergnüglichen Augenblick.

Sechs Stunden Andacht

Wer in dieses Dorf kommt, der geht nicht mit leeren Händen. Selbst gebackenes Brot, selbst gezogene Gurken, selbst geräucherter Lachs – in Voznesenka geben die Menschen von den besten Dingen reichlich, auch Fremden, mit denen sie nur ein kurzes Gespräch geführt haben. Doch nicht allein die Tradition der russischen Gastfreundschaft pflegen die Bewohner dieses Dorfes in der Wildnis Süd-Alaskas – Alt-Russland ist hier so lebendig, dass Besucher, die es noch aus vorsowjetischen Zeiten kennen, in Voznesenka fassungslos die Kulisse ihrer Jugend erkennen.

Zinaida Reutov ist in dieser Kulisse aufgewachsen. Die 26-Jährige kennt beide Lebensweisen ihrer Region: die zeitlose ihres Dorfes – und die des modernen Alaska, die amerikanische. Nicht, dass sie gegen den *American way of life* etwas einzuwenden hätte, im Gegenteil: Regelmäßig verstößt sie gegen die Verbote ihres Pfarrers, isst im Restaurant der nahen Stadt, leiht sich dort Videofilme, zieht ihren Kindern auch schon mal Jeans und T-Shirts an. Meist aber steckt sie ihre Mädchen in die selbst genähten Blümchenkleider, den Sohn in die typischen russischen Hemden, und ganz bewusst spricht sie mit ihren Kindern auch nur russisch. Englisch lernen sie in der Schule noch früh genug.

Bilder nächste Doppelseite:
• *Russische Kirche in Kenai*
• *Im russischen Dorf Voznesenka führen Zinaida Reutov, ihre Mutter und ihre drei Töchter ein – offensichtlich glückliches – Leben wie in Alt-Russland*

Seit zweieinhalb Jahren muss Zinaida Reutov ihre drei Kinder allein versorgen. Ihr Mann ist bei einem Autounfall in Südamerika ums Leben gekommen. Als die beiden heirateten, war er 17, sie selbst war 15 Jahre alt – in Voznesenka geht die Lebensuhr nach einem anderen Takt. Gleichmut gegenüber dem Rhythmus der Gegenwart drückt sich auch im Kirchgang aus. Gottesdienst ist samstags von 18 bis 20 Uhr und zusätzlich jeden Sonntag von zwei Uhr nachts bis morgens um acht. Keine der 80 Familien des Dorfes würde es wagen, sich um die nächtliche Andacht zu drücken. Kirche und Arbeit, auf diesen Säulen ruht das Leben in Voznesenka.

Die Arbeit besteht hauptsächlich aus Fischfang. Für den ganzen Sommer reisen die Männer an einen entlegenen Ort an der Küste Alaskas und holen dort den Jahresbedarf an Fisch aus dem Meer. Die Frauen versorgen zu Hause die Gemüsegärten, backen Brot, kümmern sich um die Kinder. Die meisten haben, zumal es immer schwieriger wird vom Fischfang zu leben, nebenbei noch einen Job. Für die Witwe Zinaida Reutov ist dieser Job kein Zubrot, sondern Lebensunterhalt: Sie arbeitet für 25 Dollar pro Tag und Kind als Babysitter.

Nicht alle jungen Menschen hält es in Voznesenka. Von den vier Brüdern und sechs Schwestern Zinaida Reutovs leben drei Schwestern in Oregon. Die Abwanderung hat in den wenigsten Fällen mit Flucht vor der überlieferten Lebensweise zu tun, warum auch: Das moderne Amerika mit seinen Autos, Fernsehern, Waschmaschinen und Faxgeräten hat sich längst Platz verschafft zwischen Ikonen und kunstvoll verzierten griechischen Bibeln. Kinder spielen nicht mit Holzpuppen, sondern mit Computern, turnen nicht in den Bäumen, sondern auf brandneuen Trampolinen. Wenn junge Leute das Dorf verlassen, dann nicht, weil sie sonst etwas entbehren müssten, sondern eher weil es zu eng wird: Mit sieben Kindern gelten Ehepaare in Voznesenka als Kleinfamilie.

Doch es gibt auch Fälle von Zuwanderung. Zinaida Reutovs Eltern, die Russland nach Kriegsende 1945 verließen und über China, Brasilien und Oregon nach Voznesenka kamen, hatten jüngst Besuch aus der alten Heimat. Es kam die Tante Zinaidas, die Schwester ihrer Mutter. Zutiefst schockiert sei die alte Frau bei ihrer Ankunft gewesen: «Ihr habt ja immer noch die alten Sachen an!» Doch dann borgte sich die Besucherin von ihrer Schwester eins der traditionellen Kleider, trug es und fand Gefallen an dieser Dorfgemeinschaft mit Regeln, an die sie sich nur noch vage erinnern konnte. Als der Aufenthalt hätte zu Ende sein sollen, verlängerte Zinaidas Tante ihn auf Lebenszeit. Hier in Alaska war sie heimgekehrt in das Russland ihrer Kindheit.

Von Haines Junction nach Haines

Das Reiseerlebnis von Haines Junction nach Haines ist ebenso kurz wie unsagbar schön. Zur Streckenbeschreibung taugen nur Superlative, die Landschaft ist beschaffen, als hätte man die grandiosesten Postkartenmotive der Alpen an einem Ort zusammengetragen: leuchtend weiße Schneegebirge, dunkelgrüne Fichtenwälder, verträumte Seen und Gebirgswiesen, die in der Sonne leuchten.

Doch es lauert Gefahr in diesem Paradies. Vor Klukshu Indian Village, einem Dorf, das nur von Indianern bewohnt wird, warnen Schilder: Vorsicht Bären – Aussteigen lebensgefährlich! Es wimmelt von Grizzlys hier am Klukshu River.

Gleich zwei Grenzen passiert man auf dem 240 Kilometer langen Straßenstück nach Haines: die Ländergrenze zwischen Yukon und British Columbia, dann die Staatsgrenze zwischen Kanada und den Vereinigten Staaten. Wer gern abends unterwegs ist, muss aufpassen, denn die Schranke nach Alaska ist über Nacht geschlossen – wer zu spät kommt, muss die 200 Kilometer nach Haines Junction zurückfahren, denn ein Motel gibt es weit und breit nicht.

«Das Alaska Ihrer Träume», mit dieser Selbsteinschätzung wirbt die Küstenstadt Haines für sich – und übertreibt nicht im Geringsten. Die übersichtlich angelegte Innenstadt mit ihren hübschen Häusern, der kleine Hafen, das historische Fort Seward, alle Attraktionen kann man leicht zu Fuß erreichen, und überallhin begleiten den Spaziergänger die Berge und das Meer. «The Wild Strawberry», eines der putzigsten und besten Cafés Alaskas, sollte man auf jeden Fall mal aufsuchen. Die Süßigkeitentheke mit ihren kleinen Fächern erinnert an einen Kinderkaufladen, ist aber nicht nur nette Kulisse: Vor allem die Erdbeer-Sahne-Waffeln sind in diesem Café ein Hochgenuss.

Für den Straßenverkehr ist Haines eine Sackgasse; und doch kann der Autofahrer einen anderen Weg wählen als den zurück nach Haines Junction. Mehrmals am Tag starten in Haines Autofäh-

Unterwegs nach Haines

ren. Eine davon tuckert in einer Stunde bis zum hintersten Winkel der Bucht, nach Skagway – und damit zum Ausgangspunkt des Klondike Highway, der den Spuren der Goldgräber bis hinauf nach Dawson City folgt.

Jetzt esse ich gerade den Sammy ...

Der größte Horror ist es für Beat Glanzmann, mit der Axt in den Gänsestall zu gehen. Jede einzelne Gans ist ihm ans Herz gewachsen, keiner will er den Kopf abschlagen, ihr die Federn ausreißen. Und dann bei Tisch der Gedanke: Jetzt esse ich gerade den Sammy ...

Andererseits ist der 32-jährige Glanzmann auch dankbar für solche Erfahrungen. Sie eröffnen ihm Einblicke in seine Vergangenheit als Schweizer Zivilisationsmensch, lehren ihn erkennen, mit welcher Gedankenlosigkeit er früher Fleisch gekauft und verzehrt hat. Seit er selbst schlachten muss, ist er kurz davor, Vegetarier zu werden.

Für Beat Glanzmann wäre das nicht der erste und schon gar nicht der schmerzlichste Verzicht, den er sich freiwillig auferlegt. Bevor er vor vier Jahren aus dem Berner Oberland nach Yukon auswanderte und sich bei Haines Junction im Busch ansiedelte, war er einer der bekanntesten Berufsfotografen im deutschsprachigen Raum, vielleicht auch der beste. Seine Multivisions-Tonbildschau *Alaska – Abenteuer Wildnis*, die größte und erfolgreichste in der Schweiz, zeigte er vor bis zu 1200 Zuschauern. «Ich habe damals ganz groß Kohle gemacht», sagt er nachdenklich.

Sagt es mit einem gewissen Kopfschütteln über sich selbst. Als hätte er angesichts von Qualitätsverfall und Abzockerei im Multivisionsgeschäft viel früher aussteigen müssen. Aber natürlich tat er den Einschnitt in sein vorangegangenes Leben nicht nur aus diesem einen Grund, nicht allein als demonstrativen Akt, getragen von Verantwortung einem missbrauchten Beruf gegenüber; er zog den Schlussstrich auch, weil er sich zu diesem bestimmten Zeitpunkt reif fühlte für ein Leben als Selbstversorger.

Vielleicht musste er auch erst seine heutige Frau kennen lernen, die Eva. Sie erwies sich in Weltanschauung und Lebensplanung als sein weibliches Gegenstück. Eva Glanzmann, 29 Jahre alt, von Beruf ebenfalls Fotografin, gelernte Handarbeits- und Werklehrerin, sehnte sich lange schon danach, nicht mehr für andere zu arbeiten und das verdiente Geld dann für Waren auszugeben – sie wollte das, was sie zum Leben braucht, überwiegend selbst erzeugen, ohne Umweg über das Geld. Auch nach einem eigenen Stück Land, nach Weite und unberührter Natur sehnte sich die leidenschaftliche Bergsteigerin: «Immer, wenn ich auf einem Gipfel ankam, waren da schon Touristen, die den Weg mit Seilbahn oder Helikopter gemacht hatten. Und überall waren Geräusche.»

Bilder nächste Doppelseite: *Willkommen in Haines!* • *Nichts für Hobby-Angler: Mit dem Fischrad lässt man fischen, ohne selbst anwesend zu sein* • *Der Hafen mit Bilderbuchkulisse*

In ihrer neuen Heimat Yukon ist es im Winter totenstill. Nicht einfach nur die Abwesenheit von Tönen sei das, wahre Stille, sondern ein intensives Erlebnis, eines, das ganz tief gehe. Die totenstillen Winter sind für Eva und Beat Glanzmann aber auch eine arbeitsreiche Zeit. Einen Teil ihrer finanziellen Einnahmen bestreiten die beiden weiterhin mit der Fotografie – eine Bildagentur in Deutschland zahlt gut für die Aufnahmen, die sie Sommer wie Winter in der Wildnis Yukons machen. Im Winter hat das Aussteiger-Ehepaar zusätzlich einen zweiten Job: Bei bis zu 180 Kilometer langen Hundeschlittentouren führen sie Touristen zu Plätzen, die sonst kein Feriengast zu sehen bekommt.

Viel Arbeit im Winter, aber, angesichts der langen Dunkelheit, auch viel Schlaf: bis zu zehn Stunden und mehr pro Nacht. Im Sommer dann, wenn es auch über Mitternacht hinaus taghell bleibt, gehen Beat und Eva Glanzmann oft erst um vier Uhr früh ins Bett und stehen um acht wieder auf. Die Jahreszeit bestimmt in ihrem Aussteigerleben den Rhythmus, feste Tages- und Wochenpläne gibt es nicht. Beim Frühstück besprechen die beiden, was an diesem Tag alles zu tun wäre, und das wird dann, eins nach dem anderen, gemacht.

Sofern nicht alles ganz anders kommt. Wenn zum Beispiel die Nachbarn zu einem Besuch reinschneien, ist der Tag gelaufen. Bei Kaffee und Kuchen wird dann stundenlang getratscht: über andere Nachbarn, über Tiere, die tägliche Arbeit, über gemeinsame Erfahrungen des Selbstversorgeralltags ...

Nachbarn, dazu zählen Eva und Beat Glanzmann alle, die wie sie leben, und das innerhalb eines Radius von gut 200 Kilometern. Die Einwohner der Kleinstadt Haines Junction, wenn auch nur 20 Kilometer entfernt, gehören nicht dazu. Obwohl ebenso umschlossen von Wildnis, bringe

WELCOME
TO
HAINES,
ALASKA

Haines Junction doch einen ganz anderen Menschenschlag hervor, der komplett andere Erfahrungen mache und eigentlich lebe wie Stadtmenschen überall auf der Welt: Job von sieben bis vier, Mitgliedschaft in irgendwelchen Clubs, am Abend vor dem Fernseher sitzen.

Dass diese Stadtmenschen einem festen, fremdbestimmten Rhythmus folgen, ist einer der wesentlichen Unterschiede. Andererseits ist es auch nicht so, dass die Wald- und Hüttenmenschen nur vor sich hin wursteln. Im Aussteigerdasein von Beat und Eva Glanzmann findet sich beides nebeneinander: Sie leben in den Tag hinein – sie sorgen aber auch für Fälle vor, an die Stadtmenschen nicht mal denken würden. So steht rund 100 Meter abseits des Hauses, in dem die Glanzmanns leben, ein weiteres Gebäude. Genutzt wird diese neue, geräumige Blockhütte kaum; gebaut hat sie Beat Glanzmann vor allem aus einem Grund: Damit er und seine Frau eine Unterkunft haben, wenn – und damit muss man ständig rechnen im Urwald Yukons – das Haupthaus einmal niederbrennen sollte.

Was also unterscheidet den Aussteiger, der im Wald lebt, von den benachbarten Stadtmenschen, die ja auch fernab aller Ballungsgebiete mitten im Lebensraum von Bären und Elchen wohnen und damit auf ihre Art ebenfalls Aussteiger sind? Beat Glanzmann will da nur für sich selbst sprechen: Vor seiner Auswanderung nach Yukon habe er so manchen Berg bestiegen und dort so manches Foto gemacht, nicht weil es nötig gewesen wäre, sondern um anderen was zu beweisen. Dieser Drang nach Selbstbestätigung sei inzwischen überwunden – seine Multivisionsschauen zeige er allenfalls noch, um die Leute für das jeweilige Land zu interessieren.

Nicht überwunden ist die Konsumwelt. Nach wie vor sind Eva und Beat Glanzmann darauf angewiesen, Geld zu verdienen, auch wenn sie noch so gern autark leben würden. Auf 90 Prozent schätzen sie den Grad ihrer Unabhängigkeit und meinen damit die Forellen, die sie fangen, die Gänse und Hasen, die sie schlachten, die Fichten, die sie fällen – die übrigen zehn Prozent, dazu rechnen sie Produkte wie Milch, Gemüse, Salz und natürlich Auto und Kleidung. Längst haben sie sich mit der Unerreichbarkeit ihres Ideals abgefunden, haben eingesehen, dass es ein Zurück in die völlige Autonomie der kanadischen Urbevölkerung nicht gibt: «Wer einmal Zucker geschmeckt hat, wird nie mehr darauf verzichten wollen», sagt Eva Glanzmann. Und ein Industrieprodukt wie Zucker könne sie nun mal nicht in ihrer Hütte erzeugen.

Mit dem Fahrrad auf Raucherjagd

Police Officer Lee Reeves ist ausstaffiert wie ein Elitesoldat: dunkelblaue Uniform, Helm, Messer, Pistole, schusssichere Weste ... Seine Gegner aber sind vorwiegend Parksünder oder qualmende Schulbuben. Und sein Einsatzfahrzeug – ist ein Fahrrad.

Streifenpolizisten auf Fahrrädern sind in den «Lower 48», den 48 Kernstaaten der USA, oft zu sehen, in Alaska aber eine Seltenheit. Lee Reeves aus Haines weiß nur von einem weiteren radelnden Polizisten. Dieser Kollege in Alaskas Hauptstadt Juneau war es auch, der Lee Reeves 1995 auf das eben gestartete Pilotprojekt aufmerksam machte.

Officer Reeves regte bei seinem Chef an, in Haines eine Fahrradstreife ins Leben zu rufen, meldete sich gleich selbst als Freiwilliger und wurde genommen. Seitdem radelt der 43-Jährige von Mai bis September durch das touristenüberflutete Küstenstädtchen, um die Verfehlungen aufzudecken, die sich hinter der hübschen Fassade breit gemacht haben. Minderjährige, die Lee Reeves in der Öffentlichkeit mit Zigaretten und Bierflaschen antrifft oder die sich nach Mitternacht auf der Straße herumtreiben, bittet er mit 25 Dollar zur Kasse, in schweren Fällen lässt er sie zu sozialer Arbeit anrücken. Die Eltern bleiben grundsätzlich unbehelligt. Weiche wie auch harte Drogen gehören zu den größten Problemen, die sich der fünfköpfigen Polizeitruppe von Haines stellen. Zu viele Freiheiten, zu wenig Strafen – darin sieht Lee Reeves die Ursachen dafür, dass immer mehr junge Menschen auch seiner 1200 Einwohner kleinen Heimatstadt an die Sucht verloren gehen. Solange die Übeltäter freilich per Fahrrad zu stellen sind, weiß der Officer die Welt in Haines noch weitgehend in Ordnung. Der letzte Mord jedenfalls liegt schon zehn Jahre zurück.

Blütenmeer im Iglu-Land

Im Winter türmt sich der Schnee bis unters Dach. Carol Flegel aus Haines hat dann ohnehin

- Einst Weltklasse-Multivisionsreferent, jetzt Selbstversorger: Beat Glanzmann mit seinen Schlittenhunden
- Parksündern und rauchenden Schulbuben auf der Spur: Police Officer Lee Reeves aus Haines mit seinem Dienstfahrrad
- Makabrer Werbegag: Wessen Wanderschuh hat der Bär wohl im Maul?

nächste Doppelseite: Stadt der Totempfähle: Fort Seward in Haines mit seinen kunstvollen Schnitzereien

mit ihrem Job als Schulberaterin zu tun. Im Mai aber, wenn die fünfmonatigen Sommerferien beginnen, wird der Weg frei für ihr Hobby: Kaum ist der Schnee geschmolzen, pflanzt sie ihre im Gewächshaus gezogenen Setzlinge ins Freie – und verwandelt ihren Garten in ein alaskanisches Blütenmeer.

Mit Akelei, Rittersporn, Fingerhut, Schwertlilien, Mittagsblumen und *Poppies*, den Nationalblumen des Sonnenstaates Kalifornien, straft Carol Flegel das Iglu-Image ihres Landes Lügen. Nur eine Pflanze gibt es in ihrem Garten, die nicht so recht wachsen zu wollen scheint. Der im Jahre 1973 gepflanzte alte Apfelbaum steht knorrig ohne Triebe auf der Wiese. Nicht das Klima aber lässt ihn verkümmern, sondern ungebetener Besuch. Elche sind es, die auf ihrem Weg vom Wald zum Meer regelmäßig die frischen Zweige abknabbern. Zum Glück werden die Blumen von den Elchen verschont. Carol Flegel würde sonst nicht so unbekümmert ihrem zweitliebsten Hobby nachgehen. So aber können sie und ihr Mann, der in Haines eine Bank leitet, ihrer Reiselust freien Lauf lassen und nach Hawaii und Kalifornien fliegen, ihren Lieblingsurlaubsorten; nach Arizona, Carols Heimat, oder auch einfach nur mal mit der Fähre zum Einkaufen nach Juneau fahren, Alaskas Hauptstadt, die über Straßen nicht zu erreichen ist.

Im Winter bleiben die Flegels zu Hause, denn diese Jahreszeit lieben sie – trotz Kälte und Dunkelheit – über alles. Wenn der erste Oktoberschnee die welken Reste ihrer Blumen unter sich begräbt, ist Carol Flegel ohnehin für Monate in der Schule unabkömmlich.

Nicht nur Eis und Tundra: Im Sommer verwandelt sich Alaska in ein Blütenmeer

Von Skagway nach Dawson City

Ein einziger Vorteil war es, der über Leben und Tod entschied. Bevor dieser Vorteil greifen konnte, konkurrierten die beiden Nachbarstädte Dyea und Skagway darum, wer die meisten Goldsucher durchschleuste auf deren Weg zu den Goldfeldern des Klondike. In beiden Städten legten etwa gleich viele Schiffe an, beide boten den Durchreisenden die gleichen Waren und mit Spielhöllen und Bordellen die gleichen Vergnügungen. Und die Trails, die Dyea und Skagway den Goldsuchern als Alternativrouten zum Yukon zur Wahl ließen, Chilkoot Trail und White Pass Trail, waren beide mörderisch.

Noch Anfang 1898 zog Dyea die meisten Goldsucher an, denn Skagway galt wegen des dort hausenden Banditen Soapy Smith als Verbrechernest. Im Sommer 1899 wurde das Rennen dann abrupt entschieden: Auf der neuen Eisenbahnlinie rollten die ersten Züge von Skagway nach Bennet, und damit musste sich niemand mehr über die Trails schinden. Soapy Smith, den so viele gefürchtet hatten, war längst unter der Erde. Damit gehörte Skagway die Zukunft. Innerhalb weniger Tage wurde Dyea zur Geisterstadt.

Das Ergebnis des Konkurrenzkampfes wirkt bis in die Gegenwart. Skagway hat sich, seit der Goldrausch vorüber ist, zu einer Mega-Touristenstadt entwickelt, im Hafen legen mehrmals täglich riesige Ozeandampfer an, in den Straßen wimmelt es von Menschen, die Hotels sind meist überbelegt. Von Dyea sind nur noch ein paar Fundamente zu erkennen, die Stege des einstigen Hafens sind zu Stümpfen verrottet. Das Nebeneinander von Rummel und Relikten macht heute den Reiz der beiden einstmaligen Konkurrenten aus. Und es gibt noch viel mehr zu entdecken. Wer sich die Mühe macht, die alten Goldsucher-Trails zu erwandern, der findet auch dort so manches Überbleibsel, findet Hufeisen, Dosen, sogar Schuhe aus der Zeit des Goldrausches – damals achtlos in die Gegend geworfener Müll, heute ein Sammelsurium historischer Schätze, die man ausdrücklich liegen lassen soll.

Entlang der waghalsig in den Fels geschlagenen Bahnlinie, die Dyea einst den Garaus machte, führt der Klondike Highway von Skagway nach Whitehorse. Zwischen der Seite der Schlucht, auf der sich die Straße schlängelt, und der Bahnlinie auf der anderen Seite verläuft, deutlich zu erkennen, der White Pass Trail – ein steiler Gebirgspfad, über den jeder Goldsucher eine Tonne Verpflegung und Material zu transportieren hatte.

Freiluft-Historisches allerorten: Nach der Grenze zu Yukon klebt in der einsamen Bergwelt eine alte Silbermine am Fels. Nur zwei Jahre war die weitläufige, mit Wellblech verkleidete Anlage in Betrieb – 1908 musste die Mine wegen zu geringer Ausbeute schließen.

Als «Schweiz des Nordens» ist die Gegend um Carcross bekannt. Das Örtchen mit seinen 300 Einwohnern war früher ein wichtiger Verkehrsknotenpunkt, stiegen doch hier die Goldgräber auf ihrem Weg zum Yukon von der Eisenbahn aufs Schiff um. Damals hieß Carcross noch Caribou Crossing. 1903 reichte der damalige Pfarrer bei der Regierung eine Petition ein, das Städtchen wegen Namensgleichheit mit anderen Orten umzubenennen. Weil tatsächlich oft genug die Post durcheinander geraten war, gab man dem Ersuchen auch schleunigst statt. Nur die Eisenbahn beharrte noch 13 weitere Jahre auf dem alten Namen.

Neben seinen sehenswerten historischen Häusern hat Carcross noch zwei besondere Attraktionen zu bieten: den Vergnügungspark «Frontierland» und die «Carcross Desert». Der Highway läuft mitten durch diese «Kleinste Wüste der Welt», deren Sanddünen im Sommer so heiß werden, dass barfuß gehen fast unmöglich ist. Noch halb in der Wüstenlandschaft liegt die «Cinnamon Cache Bakery». Die Betreiber dieses Zimtgebäck-Cafés wirken träge, bedienen aber zügig und lehnen Trinkgeld strikt ab: «Wir arbeiten alle hart!»

Nach rund 160 Kilometern ist der Klondike Highway auf seinem Weg nach Norden unterbrochen. Für ein kurzes Stück mündet die Straße in den Alaska Highway, erst hinter Whitehorse zweigt der Klondike Highway wieder als eigenständige Route ab. Wem an Trubel gelegen ist, der sollte sich in Yukons Metropole Whitehorse noch mal austoben – denn auf den über 500 Kilometern hoch nach Dawson City ist der Klondike Highway nahezu menschenleer. Kein Wunder: Ganz Yukon – immerhin ein Gebiet so groß wie halb Alaska – hat nur 33 000 Einwohner; und 24 000 davon leben in Whitehorse.

Zu den großen Orten zählt in Yukon schon Carmacks mit seinen 450 Einwohnern. Tatsächlich ist die Reklamemeile am Ortseingang so bunt und vielfältig wie die einer Großstadt. Der gleiche Wirbel auch vor Pelly Crossing. Stewart Crossing

Bild nächste Doppelseite: *Einzigartige Häuser und ganze Straßenzüge sind in Skagway aus der Goldrauschzeit erhalten. Besonders sehenswert ist die Arctic Brotherhood Hall von 1899, deren Fassade mit mehr als 10 000 Treibholzstücken verziert ist*

übernächste Doppelseite: *Hoch die Röcke: Busfahrerinnen aus Skagway beim Morgenappell*

A
1897
THE JOURNEY
A
CAMP SKAGWA

B
B
1896
Nº1
1899

RAILROAD BU
1900

• Kreuzfahrtschiff mitten in der Stadt? Blick durch die Hauptstraße von Skagway Richtung Hafen
• Tina Cyr ist die Marketingleiterin der White Pass & Yukon Route, einer Eisenbahnlinie, mit der Touristen die einst so beschwerliche Passüberquerung der Goldsucher bequem und sicher nachvollziehen können

Bilder nächste Doppelseite:
• Schmuckes Wohnhaus in Skagway: Die Stadt hat nur 700 Einwohner – aber täglich 10 000 Besucher
• Die Moose Creek Lodge ist umringt von hölzernen Moskitos mit blutroter Rüsselspitze
• Skagway war vor 100 Jahren das Tor zu den Goldfeldern des Klondike
• Überall entlang des Klondike Highways finden sich alte Blockhäuser

übernächste Doppelseite:
• Die Eagle´s Hall von Skagway
• Aus Anlass des Unabhängigkeitstages wird ein Ferkel gebraten
• Alison Peake und John Van Hal arbeiten in den Semesterferien in der Moose Creek Lodge in den Wäldern Yukons
• Clare Hewson ist der beste Goldwäscher Kanadas – und hält den Weltrekord im Schnellwaschen

taucht unvermittelt auf – und besteht nur aus einer Tankstelle und einem Campingplatz. Auf dem restlichen Weg nach Dawson City liegen noch eine Lodge, eine Rastanlage, ein Café und viel, viel Wald. Dann endlich das ersehnte Ortsschild. Statt Häuserzeilen durchquert der Highway jedoch erst mal eine endlose Mondlandschaft durchwühlten Kiesbodens. Die Maschinen, mit denen hier nach Gold gegraben wurde, heißen «Yukon Gold Dredge» und sehen aus wie gestrandete Schaufelraddampfer.

Wer Dawson City von historischen Fotos her kennt, erlebt eine Überraschung: Er sieht die gleichen Straßenzüge wie damals, die gleichen Häuser. Wie es sich für eine Westernstadt gehört, sind die Straßen nicht geteert, Holzgehsteige laufen an den Häuserzeilen entlang. Doch natürlich ist dieses Dawson City nicht das von damals, auch wenn es genau so aussieht. Überschwemmungen und Feuersbrünste haben die einstige Hauptstadt Yukons heimgesucht, vor allem ein landestypisches Phänomen aber hat dafür gesorgt, dass sich die früheren Häuser nicht halten konnten: Die beheizten Gebäude haben den Permafrostboden aufgetaut, sind eingesunken und mit der Zeit zusammengestürzt. Die heutigen Häuser sind daher alle auf tief in den Boden reichenden Holzpfählen errichtet. Nur drei Bauwerke aus alten Tagen hat man ohne diesen Permafrostschutz stehen lassen, sie hängen an der Straße wie taumelnde Zecher.

Eine Brücke über den Yukon gibt es nicht, man muss mit der Fähre übersetzen, wenn man über den «Top of the World Highway» fahren will. Und das sollte man tun! Die 154 Kilometer bis zum Taylor Highway sind wie ein Flug, wie eine Achterbahnfahrt über das ineinander verschlungene blaugrüne Zickzackmuster der Gebirgszüge. Jedes Auto, erst recht jeder Truck, der entlang den Bergrücken über diese Piste fährt, zieht über Hunderte von Metern eine weiße Staubwolke hinter sich her.

Der heutige «Top of the World Highway» wurde während des Goldrausches als Packeselpfad angelegt, um von Dawson City aus die benachbarten Goldfelder versorgen zu können. Erst 1930 wurde der Pfad bis zur Grenze Alaskas als Highway ausgebaut, weitere zehn Jahre dauerte es, bis die Straße unweit des Örtchens Chicken an den Taylor Highway herangeführt und damit die Verbindung zum Alaska Highway hergestellt wurde. Nun endlich, so heißt es auf einer Schautafel am «Top of the World Highway», hatte Dawson City eine Autoverbindung zur restlichen Welt.

Der Goldrausch nach dem Goldrausch

Dem Großvater brachte der Goldrausch nichts ein. Enkelin Tina Cyr aber lebt davon – vom Tourismus-Goldrausch, der dem Wettlauf auf die Klondike-Goldfelder Jahrzehnte später folgte. Die quirlige Tina ist seit zehn Jahren Marketingleiterin der «White Pass & Yukon Route», einer historischen Eisenbahnlinie, auf der Touristen den Spuren der Goldgräber von Skagway aus bis zum White-Pass und zurück folgen können.

Tina Cyr, 36 Jahre alt, liebt die Widersprüche ihrer Heimatstadt: originalgetreu restaurierte Westernhäuser und Andenkenläden, historische Wahrheit und phantasie-geschönte Goldrausch-Idylle, dörfliche Beschaulichkeit und Touristenansturm. Nur 700 Bürger hat Skagway, doch im Sommer quetschen sich täglich 10 000 Besucher durch die Straßen. Disneyland, Zoo oder Zirkus nennen die Einwohner ihre Stadt, meinen damit die schrille Vermarktung der Vergangenheit, meinen aber auch, dass es, wie in einem familienfreundlichen Vergnügungspark, die Schattenseiten des Lebens in Skagway nicht zu geben scheint.

Und genau deshalb möchte hier keiner weg, auch wenn noch so viele Riesenschiffe im Hafen anlegen und noch so viele tausend Touristen in die Stadt strömen. Denn Kriminalität gibt es in Skagway praktisch nicht. Und die wenigen Einwohner halten gerade wegen der vielen Fremden wie eine Familie zusammen. Außerdem dauert das Gewimmel auch nicht das ganze Jahr: Der Winter bringt für Tina Cyr und ihre Nachbarn lange Monate völliger Ruhe, in denen sie Kraft schöpfen können für den Rummel in der nächsten Saison.

Versöhnung nach 100 Jahren

Jim Richards war länger Soapy Smith, als Soapy selbst es war. Seit 26 Jahren mimt der Profischauspieler den legendären Gangsterkönig Jefferson Randolph «Soapy» Smith. Soapy selbst herrschte nur neun Monate in der damals boomenden Küstenstadt Skagway.

MOSQUITO

ALASKAN
WILDLIFE
ADVENTURE
&
PULLEN CREEK GIFTS
ENTRANCE
ALASKAN WILDLIFE ADVENTURE
CLOSED

1897
1897
SHUTTLE STOP

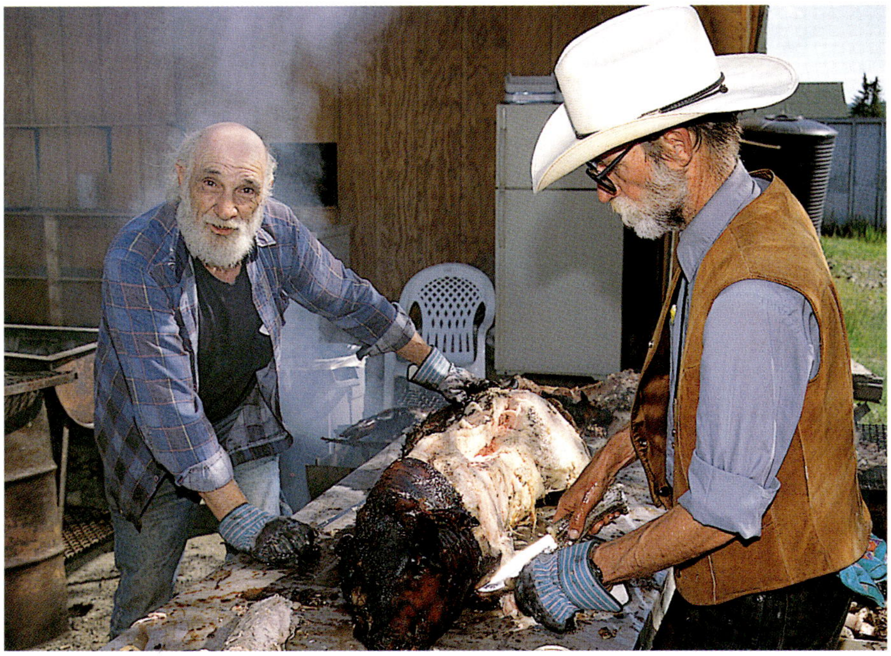

• Der Bahnhof von Skagway
• Verwirrspiel für die Polizei? Nummernschild-Wirrwarr aufgenommen in Skagway

Diese neun Monate während des Klondike-Goldrausches 1897/98 genügten, um den gelernten Seifenhändler Smith zur faszinierendsten Figur in der Geschichte der Stadt zu machen. Soapy war nicht allein Plünderer, Mörder, Tyrann; während seine Bande – die damals größte in ganz Nordamerika – die Dreckarbeit für ihn machte und ein Vermögen zusammenstahl, versuchte Smith, sich durch so manche berechnete Wohltat einen Platz in der ehrenwerten Bürgerschaft Skagways zu erschleichen.

Unter denen, die Soapy Smith durchschauten, war nur einer, der bereit war, es mit ihm aufzunehmen: der Landvermesser Frank Reid. Solange Smith in seiner Rolle als Gönner noch die Mehrheit der Geschäftsleute hinter sich hatte, gelang es Reid nicht, ihn und seine Gangsterbande aus der Stadt zu jagen. Als Smith aber überführt wurde, Goldstaub im Wert von 2800 Dollar geraubt zu haben, und sich auch noch weigerte, das Diebesgut zurückzugeben, versammelte Frank Reid eine Bürgerwehr von 100 Mann hinter sich, um mit der Bande aufzuräumen. Tatsächlich machten sich die meisten Gangster davon; Soapy Smith trat der Bürgerwehr allein entgegen. Reid und Soapy schossen aufeinander – und trafen gleichzeitig. Während Jefferson Randolph Smith auf der Stelle tot war, dauerte Frank Reids Sterben qualvolle acht Tage lang.

Im Zeitraffertempo wird diese Geschichte seit 73 Jahren in der Eagle's Hall in Skagway als «The Days of '98 Show» für Touristen nachgespielt. Soapy-Darsteller Jim Richards, der die Theatertruppe anführt, ist es auch nach 26 Jahren noch nicht leid, dreimal am Tag niedergeschossen zu werden. Für ihn ist der Showdown immer wieder aufs Neue spannend: der grollende Streit zwischen ihm und dem jeweiligen Reid-Darsteller, grell knallende Platzpatronenschüsse, dann Dunkelheit und ein trauriges Abschiedslied von Soapys Geliebter Belle.

Im wirklichen Leben hat die Geschichte inzwischen ein freundliches Ende gefunden. Während sich die Darsteller von Soapy Smith und Frank Reid in der Eagle's Hall 21-mal pro Woche gegenseitig über den Haufen schießen, reichten sich die echten, leiblichen Nachkommen von Smith und Reid am 4. Juli 1998, fast auf den Tag genau 100 Jahre nach dem Duell, über den Gräbern die Hand zur Versöhnung.

Bilder nächste Doppelseite:
• Die Carcross Barracks gelten als urigster Andenkenladen Yukons
• Blick auf die Moose Creek Lodge
• Wie vor 100 Jahren: In Kanada ist die Mounted Police nach wie vor zu Pferd unterwegs
• Kranführerin Sheila Hoehn und ihr Sohn Isaac erkunden Alaska und Yukon mit der Harley

Peinliche Überraschung

Nicht stören!
Natürlich hält sich keiner an die Mahnung, jeder reißt die Tür auf. Und wird angesprungen von peinlichem Entsetzen.

Rund 20 Touristenbusse stoppen pro Tag vor den «Carcross Barracks», dem urigsten Andenkenladen des Städtchens Carcross, wenn nicht gar ganz Yukons. Kuchen, Kunstwerke, T-Shirts – was es hier zu kaufen gibt, schmeckt gut, ist hübsch und sicher auch recht nützlich, doch in den Laden kommen die Touristen durchaus nicht deswegen.

Die Touristen betreten die beiden aneinander gebauten Blockhütten, weil sie vor Neugier gar nicht anders können, wenn sie erst mal die Außendekoration gesehen haben. Cowboy-Unterwäsche auf der Leine, eine Balldame im Silberfummel, ein Schild «Schneeschuhe draußen ausziehen» – die Details für sich sind nicht spektakulär, aber alles ist so liebevoll und einladend arrangiert, dass man davor steht wie vor dem Eingangstor in einen Märchenpark. Und tatsächlich betritt man mit den «Barracks» auch ein zum Zauberreich verklärtes Goldrausch-Abenteuerland.

Jan Wotton hat sich selbst zu einer Figur ihrer Dekoration gemacht. Die Eigentümerin der «Barracks» tritt auf in der schwarzroten Uniform von Kanadas Mounted Police, die bis zum Jahr 1920 tatsächlich in den Hütten stationiert war. Aus dieser Zeit stammt auch die Gefängniszelle, in der sich heutige Besucher und Besucherinnen am laufenden Band gegenseitig fotografieren. Alle anderen Besichtigungsecken hat Jan Wotton willkürlich eingefügt: Lebensgroße Omas hocken in Satinkleidern in Schaukelstühlen, eine kleine, durch einen Vorhang verdeckte Nische ist mit Spiegel und Schminksachen als Umkleideraum einer fiktiven Cancan-Tänzerin gestaltet, Federboa und Kleid hängen über einem Stuhl. An der Tür eines anderen Raumes steht: Nicht stören!

Bei einer solchen Mahnung reißt einfach jeder Besucher der «Carcross Barracks» die Tür auf. Und sieht Opa pfeiferauchend auf dem Klo hocken, die langen Unterhosen in den Kniekehlen. Auch wenn man einiges erwartet in den «Barracks», die Puppe ist so lebensecht, dass man die Tür erst mal hastig wieder zumacht, bevor man begreift.

CARCROSS
BARRACKS
YUKON MADE

CHEVRON
GASOLINE
GAS
CABINS
Coca-Cola

QUEEN ST.
000

Welcome to
Alaska

Eiswürmer mit Augen

Indianerkunst zum Schmunzeln verkauft Shirley Bellmore in ihrem «Little Bird's Nest Craft Shop» in Carmack. Die Eiswürmer in diesem «Kleinen-Vogels-Nest-Andenkenladen» sind keine dünnen schwarzen Fädchen wie die echten Gletscherbewohner, sie sind weiß, haben Haare und große Knopfaugen – Shirley Bellmore bastelt sie – aus Kaninchenfell. Die putzigen Bürsten, für die einem kein rechter Zweck einfallen will, seien geeignet zur Politur von Glatzen.

Der Kunstladen ist Teil eines Museums, das die Geschichte des Indianerstammes der nördlichen Tutchone erzählt. Boote sind in diesem «Northern Tutchone Interpretive Centre» zu sehen, Gegenstände des täglichen Lebens, viele Fotos, ein mit Ofen und Bett eingerichtetes Trapperzelt. Eine Vitrine fällt auf, vor der steht man recht ratlos und fragt sich, ob Shirley Bellmore ihren Humor auf das Museum hat übergreifen lassen; doch ernst versichert sie, es handle sich um historische Wahrheit. Das Modell in der Vitrine zeigt auf einem bewaldeten Hügel Indianerfiguren, die mit ihren Speeren ein Mammut bedrohen. Mammuts, so lehrt die Inschrift darunter, seien eines fernen Winters von Gras- zu Menschenfressern geworden. Da sei den Menschen nichts anderes übrig geblieben, als alle Mammuts umzubringen.

Würde Shirley Bellmore in ihrem Kunstladen kleine Mammut-Stofftiere basteln, die hätten wohl Reißzähne und Klauen.

Moskitos in Ketten

Es soll Gegenden in den Mückenländern Alaska und Yukon geben, wo die Moskitos so groß und zahlreich sind, dass ein ungeschützter Mensch innerhalb einer halben Stunde zu Tode gestochen werden würde.

Die Moskitos, mit denen sich die «Moose Creek Lodge» zwischen Stewart Crossing und Dawson City schmückt, würden das allein und mit einem einzigen Stich schaffen: Eineinhalb Meter groß und bewaffnet mit einem Stechwerkzeug wie

An ihre Goldrauschvergangenheit erinnert die Stadt Carcross mit dieser Goldpfannen

ein Schwert, hocken die aus Holz geschnitzten Blutsauger wie Wachhunde angekettet rund um die Lodge und grinsen Besuchern angriffslustig entgegen. Die Spitzen der Mammut-Saugrüssel sind, um den Grusel perfekt zu machen, blutrot bemalt.

Alison Peake und John Van Hal halten das Moskito-Horrorkabinett vor dem Haus für eine Ausgeburt von Trapperfieber. Die 24-jährige Studentin der Frauenwissenschaften und ihr 28 Jahre alter Kommilitone, eingeschrieben in Psychologie, sind schon zum zweiten Mal für einen Sommer aus ihrer Universitätsstadt Vancouver hoch in die «Moose Creek Lodge» gekommen, um als Aushilfskräfte Geld fürs nächste Semester zu verdienen. Und den Gegensatz zu genießen zwischen dem Gewimmel von 10 000 Studenten an der Uni – und der totalen Einsamkeit der Wildnis um die «Moose Creek Lodge».

Wenn sie nicht gerade in dem kleinen Restaurant kellnern oder die Gäste der drei Hütten hinter der Lodge betreuen, gehen Alison und John am liebsten wandern. Ob sie aber Freizeit haben oder arbeiten müssen, immer teilen sie den Tagesablauf genau nach der Uhr ein. Denn die beiden Studenten wollen mit ihrem Rhythmus nicht durcheinander kommen, hier, in einer Gegend, in der die Nächte fast durchgehend taghell sind.

Am Anfang sei es ihnen so gegangen wie vielen Einheimischen, die mal eine Nacht durch wach sind, dann wieder versehentlich einen ganzen Tag verschlafen. Gleichförmigkeit und Einsamkeit in der Wildnis des Nordens hätten schon bei so manchen Leuten zu einer Art von Wahnsinn geführt, der hier als Trapperfieber bekannt ist. In diesem Zustand umringe man sein Haus auch schon mal mit mannsgroßen Moskitos. Augenzwinkernd machen die beiden Studenten die spitze Bemerkung – und so, dass der Besitzer der «Moose Creek Lodge» sie nicht hören kann.

Bilder nächste Doppelseite:
- *Landschaft am Top of the World Highway*
- *Bei Carcross liegt die angeblich kleinste Wüste der Welt*
- *Überreste von Muschelschalen am Grund dieses Sees bei Carcross reflektieren das Licht in einem intensiven Blaugrün*

Ohne Schule an die Uni

Es ist, als würde die junge, 1979 geborene Anna Claxton dort weitermachen, wo ihre Eltern einst aufgehört haben. Die waren 1970 als Studenten in den Semesterferien zu einem Claim bei Dawson City gekommen, um mit Goldschürfen ein wenig Geld zu verdienen – aber das Goldfieber ließ sie nicht mehr los und sie kehrten nie an die Universität zurück. Reich geworden sind sie zwar nicht, doch die Nuggets, die sie dem Fluss mit harter Arbeit abtrotzen, erlösen ein monatliches Einkommen, das zum Leben reicht. Mitten in der Wildnis des Yukon haben sie zwei Kinder großgezogen, und eines von ihnen, Anna, hat nun den Claim verlassen und sich an der University of British Columbia in Vancouver für das Fach Biologie eingeschrieben.

Leicht war er nicht, der Weg vom Busch in die Großstadt. Was andere Kinder von einem Lehrer in der Schule lernen, hat sich Anna Claxton mit Hilfe ihrer Mutter per Fernschule eingepaukt. Völlig isoliert indes lebten die Claxtons nie. Die Kinder hatten Spielkameraden, über Radio kamen Informationen über die Außenwelt und ab der High School stand Anna Claxton in regelmäßigem Austausch mit den zuständigen Lehrern. Wie es ist, in einem Unterrichtsraum zu sitzen und zuhören zu müssen, erfuhr sie allerdings erst, als sie nach Vancouver zog und die ersten Vorlesungen an der Universität hörte.

Den Rücken gekehrt hat Anna Claxton ihrer Heimat nicht. Die Semesterferien verbringt sie, gar nicht weit vom Goldfeld ihrer Eltern, in Dawson City, wo sie in historischem Kostüm Touristen durch die alten Bretterhäuser führt. Dass auch sie aus ihrem Ferienjob den künftigen Beruf machen wird, ist nicht zu erwarten. Wohl aber, dass sie sich nach dem Examen als Tierärztin in Dawson City niederlassen wird, denn um glücklich zu sein, braucht sie das weite Land des Yukon. Ihrem Bruder geht es ebenso, er hat die Wildnis gar nicht erst verlassen. Da er nichts anderes gelernt hat als Goldwaschen, wird er wohl eines Tages den Claim der Eltern übernehmen.

Das Tagebuch des glücklosen Goldsuchers

Für Laien klingt die Aufgabe dieses Goldwäscher-Wettbewerbs so unlösbar wie die Suche nach der Stecknadel im Heuhaufen: In einer Menge von zwölf Litern Kies sind sechs Goldnuggets in einer Größe von je einem halben Millimeter versteckt. Acht Minuten sind das Limit. Wer in dieser Zeit die meisten der sechs Nuggets findet, oder wer vor Ablauf der acht Minuten sicher ist,

dass er alle gefunden hat, abbricht und tatsächlich alle oder zumindest die meisten in seiner Pfanne hat, der gewinnt.

Hobby-Goldwäscher Clare Hewson, 54, aus Vernon in British Columbia und seine Freundin Sherie La Valley sind aus drei Gründen die 1000 Kilometer nach Dawson City hochgekommen: Sie wollen nach sieben Jahren endlich mal wieder zwei Wochen Urlaub machen – die Anreise im Camper haben sie daher gemütlich auf fünf Tage verteilt. Sie wollen, nur so zum Spaß, an dem Goldwäscher-Wettbewerb teilnehmen. Vor allem aber sind sie auf Spurensuche. Denn die Geschichte Dawson Citys als Mittelpunkt des Goldrausches von 1898 berührt unmittelbar die Familiengeschichte Clare Hewsons.

Wer liest schon ein Tagebuch? Als Clare Hewson von seinem Vater die Aufzeichnungen des Großvaters vererbt bekam, hielt er sie zwar in Ehren; sie auch mal durchzublättern, daran dachte er nicht. Erst Jahre später stieß er durch Zufall wieder darauf, las ein bisschen darin herum – und hob damit einen Schatz.

Jahrelang hatte er sie unbeachtet rumliegen lassen; jetzt las Clare Hewson die Aufzeichnungen in einer Nacht. Sein Großvater, von Beruf Silberschmied, hatte von den Goldfunden in Dawson City gehört und wollte sich einen Claim abstecken. Nicht aber von Skagway oder Dyea in Alaska aus brach er auf, wie die meisten, sondern von seiner Heimatstadt Edmonton im Südosten Kanadas, Tausende von Kilometern von Dawson City entfernt – zu Fuß!

Die Reise entwickelte sich zum Höllentrip: Gesicht und Hals ständig blutig von Moskitostichen, Attacken von Bären, totale Überanstrengung, Hunger. Zwei seiner sechs Kameraden fanden unterwegs den Tod. Nach eineinhalb Jahren hatten sich der Großvater und die übrigen vier Begleiter derart in der Wildnis verirrt, dass sie die Hoffnung aufgaben, Dawson City je zu erreichen. Sie folgten ihrem Weg zurück nach Edmonton. Statt ihr Glück

Dreimal jeden Abend treten bei «Diamond Tooth Gerties» in Dawson City die Can-Can-Girls auf

Bilder nächste Doppelseite:
• *Blick auf Dawson City und den Yukon River*
• *Die letzten alten Häuser Dawson Citys sind einsturzgefährdet, aber nicht wegen Altersbaufälligkeit, sondern weil die Hitze ihrer Öfen den Permafrostboden zum Schmelzen gebracht hat*
• *Ferienjob im historischen Kostüm: Anna Claxton verdient sich ihr Biologiestudium als Fremdenführerin in Dawson City*
• *Blockhausidylle bei Dawson*

gemacht zu haben, hatten sie Jahre ihres Lebens verschwendet.

Clare Hewson zeigte das Tagebuch einem Historiker und bekam die Bestätigung, dass er damit ein einzigartiges Dokument besaß. Er ließ sich die Rechte sichern, folgte der Route seines Großvaters per Hubschrauber, machte Fotos von markanten Punkten, die im Tagebuch beschrieben waren, und rundete die Aufzeichnungen damit ab. Er fand einen Verleger für das Manuskript und auch eine Fernsehstation, die an einer Verfilmung des Stoffes interessiert ist.

Vielleicht hätte Clare Hewson nicht so viel Zeit und Mühe in die aktuelle Vervollständigung und Veröffentlichung des Tagebuches investiert, wenn das Edelmetall Gold nicht in seinem Leben eine ähnlich große Rolle spielen würde wie im Leben des Großvaters. Seit frühester Jugend interessiert sich Clare Hewson fürs Goldwaschen. Seinen Beruf als Stecklingsveredler einer staatlichen Baumschule aufzugeben und professioneller Goldsucher zu werden, daran hat er zwar nie gedacht; als Hobby betreibt er das Goldwaschen aber so eifrig, dass er dennoch zum Meister wurde. Clare Hewson hält seit elf Jahren den ersten Platz bei der jährlichen «British Columbia Open Gold Panning Championship» und hat darüber hinaus mit vier Minuten und sieben Sekunden den Weltrekord im Schnellwaschen aufgestellt. Über 30 Medaillen für Siege bei anderen großen Wettbewerben hat er gesammelt. Mehrfach ist der Goldwasch-Champion schon im Fernsehen aufgetreten. In Kanada ist er daher so bekannt, dass die anderen Wettkampfteilnehmer jede Hoffnung fahren lassen, wenn er auftaucht.

Ziemlich gelassen geht Clare Hewson daher auch an den Wettbewerb in Dawson City heran. Er hat erholsame Urlaubstage hinter sich und hat die Stadt kennen gelernt, für die sein Großvater sein Leben aufs Spiel setzte. Jetzt nimmt er, nur so zum Spaß, halt auch noch an diesem Wettbewerb teil. Das Limit von acht Minuten schöpft er nicht aus. Nach knapp sechs Minuten hat er fünf Nuggets gefunden und unterbricht den Wettbewerb. Zwar waren ja sechs Goldblättchen versteckt in den zwölf Litern Kies, aber auch kein anderer der 20 Teilnehmer hat mehr als fünf gefunden. Aus seinem wohlverdienten Urlaub nimmt Clare Hewson als Andenken eine weitere Siegesmedaille für seine Sammlung mit nach Hause.

Keine Zeit für den Broadway

Würde der Broadway rufen, Terrie Turai hätte gar keine Zeit für ihn. Die 29-jährige Tänzerin und Schauspielerin aus Toronto im kanadischen Ontario ist voll ausgebucht: Nach Engagements in Japan, Los Angeles und Vancouver hat sie sich für die volle Sommersaison bei «Diamond Tooth Gerties» in Dawson City verpflichtet, und auch im folgenden Jahr ist nichts zu machen – da warten längst Shows in England und Australien darauf, von ihr choreographiert zu werden.

Zwischen Japan und Australien in Dawson City aufzutreten, einem kleinen Ort weitab in der Bergeinsamkeit Yukons, ist für Terrie Turai alles andere als ein Makel im Terminkalender. Die weltbekannte Goldgräberstadt wird jeden Sommer überrannt von Touristen, und die Bühne der Spielhalle «Diamond Tooth Gerties», auf der Terrie Turai täglich dreimal den bunten Cancan-Rock fliegen lässt, wird in ganz Alaska und Kanada empfohlen.

Terrie Turai tanzt, seit sie neun Jahre alt ist. Auf der Bühne zu stehen und Menschen zu unterhalten, ist ihr zwar das Wichtigste an ihrem Beruf, aber ausgelastet fühlt sie sich damit nicht. Viele ihrer Auftritte choreographiert sie daher auch selbst, und nebenher betreibt Terrie Turai noch eine Tanzschule in Toronto. Auch bei «Diamond Tooth Gerties» ist sie nicht nur Tänzerin, sondern *Dance Captain*, also Leiterin der Tanztruppe.

Den Preis ihres Erfolges bezahlt Terrie Turai mit ihrem Privatleben. Ihren Mann Welder sieht sie oft wochenlang nicht, auf Kinder hat das Ehepaar bislang verzichtet. Solange sie noch jung ist, möchte Terrie Turai weiter auf ihr Traumziel zusteuern, irgendwann einmal am Broadway aufzutreten. Dass sie es tänzerisch schaffen wird, wenn sie nur weiter hart an sich arbeitet, daran zweifelt sie nicht. Das einzige Problem wird wohl sein, den Broadway noch irgendwo dazwischenzuschieben, wenn er erst mal gerufen haben wird.

Aussteigerin mit Visitenkarte

Sie ist Mama und Papa in einer Person, lacht gern, wenn sie nicht gerade grinst, und erinnert ein bisschen an Sharon Stone. «Wer ist Sharon Stone?», fragt Sheila Hoehn mit ihrer rauchig rauen

Stimme. Und zuckt mit den Schultern, weil sie mit einer Filmdiva verglichen wird. Null Interesse an Hollywood.

Für Sheila Hoehn zählen andere Dinge. Ihr Job als Kranführerin zum Beispiel. Ihre Harley. Ihre Gartenarbeit. Vor allem aber ihr Sohn Isaac.

Für sie ist es wichtig, Anlässe zum Anlass zu nehmen für Ausgelassenes. Das Jahr, in dem sie 40 wurde und Isaac zehn, das war so eine Gelegenheit. Einfach mal herausfinden, wie es wohl in Alaska ist. Zweieinhalb Monate abhauen aus Kansas und hochröhren in den Norden, den Sohn im Beiwagen, den halben Hausrat im Anhänger, das Lederkäppi überm Zopf. Planlos durchs Land gondeln, im Motel absteigen, wenn's regnet. Die bunten Visitenkarten verteilen an alle, die man am Highway so trifft. Über Kieswege brettern, eine Staubwolke hinter sich. Überzeugt sein, dass schon nichts schief geht, dem Schriftzug auf dem Motorradtank gemäß: *Runnin' on Faith.*

Alaska musste es sein, weil der Name etwas Magisches hat. Und weil die Nachbarn das Land empfohlen haben. Um länger bleiben zu können, hat sich Sheila Hoehn spontan entschlossen, ihre geliebte Harley wegzugeben und den Rückweg per Flugzeug anzutreten. Von unterwegs aus hat sie zu Hause bereits ein neues Motorrad bestellt.

Gummihühner als Wappentiere

Ein Drittel Liter Bier kostet zehn Mark, und das ist Absicht an diesem Tag. Chicken-Chefin Susan Wiren will damit Besäufnisse unterbinden. Am Vorabend des amerikanischen Unabhängigkeitstages muss man mit allem rechnen in «Beautiful Downtown Chicken», in der «wunderschönen Altstadt von Chicken», wie sich der Ort auf einem Benzinfass selbst lobt. Auf mitgebrachte Getränke wird streng kontrolliert.

Teuer das Bier, halbwegs billig das Spanferkel. Für 20 Mark kann man sich den Teller voll laden mit Fleisch, Maiskuchen, Salat und höllisch scharfer Soße. So hockt stocknüchtern und mit triefender Nase ein seltsames Häuflein beieinander: Feriengäste aus San Francisco, australische Fahrrad-Weltenbummler, eine Chickener Bardame mit borstig wucherndem Damenbart, ein Goldgräber aus tiefster Wildnis, unterm Tisch ein dreibeiniger Hund. Der Goldgräber sitzt nicht lange. Als er fotografiert werden soll und dabei ein wenig veralbert wird, springt er beleidigt in seinen Pick-up und rast zurück zu seiner Hütte, mit ihm zwei Kumpels. Die Barbeque-Gesellschaft wirkt nach diesem Zwischenfall ein wenig zersprengt.

So zersprengt wie das ganze Örtchen, das sich doch so großräumig ankündigt. Erst kommt der Lost Chicken Hill, es folgt der Lost Chicken Creek, Meilen später die Chicken Community. Drei unabhängige Wegweiser – Chicken Gas Station, Chicken Café, Chicken Downtown – deuten zu den einzigen drei Gebäuden des Ortes, aneinander gebaut zu einer netten kleinen Wildwest-Häuserzeile. Rund 30 Einwohner leben hier im Sommer, zehn im Winter. Ein Teil dieser Einwohner betreibt den Saloon mit seinem Durcheinander an die Decke genagelter Baseballkäppis, der Rest verkauft im einzigen Laden des Ortes rotgelbe Gummihühner und sonstigen Chicken-Schnickschnack. Und alle folgen den mütterlich gestrengen Anweisungen der 43-jährigen (1998) Chefin.

Chicken ist nicht die Erfindung von Susan Wiren, aber doch die Ausgeburt ihrer Phantasie. Wie bringt man es mit drei Häusern zu einem Eintrag auf in- und ausländischen Staatsatlanten? Man nehme ein 1903 eingerichtetes Postamt samt den umliegenden Hütten und treibe auf die Spitze, was an eigenwilligen Überlieferungen bereits verbreitet ist. Beispiel Namengebung: Die Gründerväter wollten ihren Ort nach einem dort heimischen Vogel benennen. Da sie den Namen Ptarmigan aber nicht aussprechen konnten, wählten sie stattdessen einen Vogelnamen, mit dem sich die Zunge leichter tut: *Chicken*, zu Deutsch «Huhn».

Und dann kommt Jahrzehnte später Susan Wiren aus New Jersey daher, übernimmt den chronisch von der Pleite geplagten Saloon, kauft damit praktisch den ganzen Ort – und tritt mit Hühneransteckern, Hühner-Jojos und Hühner-Legenden eine Chicken-Vermarktungslawine ohnegleichen los: Im Verhältnis zur Einwohnerzahl wuseln durch Chicken mehr Touristen als durch Dawson City.

Den Saloon gekauft und damit den ganzen Ort – was da so handstreichartig wirkt, klingt zumindest in Susan Wirens Erinnerungen eher ein wenig planlos: Ehemann Greg wollte nach Spitzbergen, Susan war es dort zu kalt, also ging man nach Chicken. Im Jahre 1987 war das. Greg will immer

• Weltuntergangsstimmung am Taylor Highway: Der Rauch eines Waldbrandes färbt die Sonne orangebraun
• Kaum ein Fluss ist so gewunden und umschließt so viele Inselchen wie der Yukon River

nächste Doppelseite:
• Hunderte von Baseball-Kappen hängen an der Decke des Saloons von Chicken
• Drei Häuser, 30 Einwohner, einzigartiger Humor – das ist Chicken am Taylor Highway
• In Chicken lässt es sich leben
• Saloonbesitzerin Susan Wiren hat aus dem Örtchen Chicken ein Touristen-Mekka gemacht

2F-1090
LA BELLE PROVINCE
D061
POLICE
BERND
LULEÅ
CUTTY SARK

EAGLE
Adventure Camping Tours
ALASKA
Draft

Welcome to
Beautiful Downtown
Chicken
Alaska
GAS
$1.79
UNLEADED

Rainier
master charge
Miller
Genuine Draft

Miller
Genuine Dr
Eisenberg

noch nach Spitzbergen. Dabei muss er im ungeliebten Chicken nicht mal leben. Die Hütte der Wirens, in der sie mit ihren vier Kindern wohnen, liegt 370 Kilometer nordwärts. Susan Wiren zieht ihr Baseballkäppi mit der Aufschrift «Chicken University» tiefer über die Augen. Chicken aufgeben? Warum nicht? Ihr könnte man es zutrauen, auch dass sie dazu imstande wäre, Spitzbergen umzukrempeln und zum Touristen-Lachschlager zu machen.

Nicht nur vor Menschen, sondern auch vor Wasser haben Elche nicht die geringste Scheu

terra magica

DIE SCHÖNSTEN SEITEN DER WELT

Max Schmid / Ulrich Sacker
KALIFORNIEN
200 Seiten mit 173 Farbfotos auf 110 Farbbildseiten, 14 s/w-Abb.,
DM/sFr 58,-/öS 448,-
ISBN 3-7243-0304-1

Max Schmid / Udo Sautter
USA
240 Seiten mit 160 Farbfotos,
48 s/w-Abb.,Karte,
DM 68.-/sFr 64.50/öS 498.-
ISBN 3-7243-0330-0

Max Schmid
H. und B. Wagner
AMERIKAS NATURPARADIESE
200 Seiten mit 118 Farbfotos,
44 s/w-Abb.,Karte,
DM 58,-/sFr 55,-/öS 424,–
ISBN 3-7243-0325-4

Erika und Klaus Beer
Manfred Köhler
HIGHWAY 50
Die längste Straße der USA: vom Atlantik zum Pazifik
200 Seiten mit 211 Farbfotos,
48 s/w-Abb., Karte,
DM 58.-/sFr 55.-/öS 424.-
ISBN 3-7243-0333-5

Max Schmid / Rainer Höh
ROCKY MOUNTAINS
200 Seiten mit 142 Farbfotos,
19 s/w-Abb., Karte,
DM 58,-/sFr 55,-/öS 448,-
ISBN 3-7243-0322-X

Max Schmid / Rainer Höh
NEUENGLAND (USA)
200 Seiten mit 164 Farbfotos,
15 s/w-Abb., Karte,
DM 58,-/sFr 55,-/öS 448,-
ISBN 3-7243-0316-5

Max Schmid / Udo Sautter
KANADA
208 Seiten mit 110 Farbfotos,
34 s/w-Abb.,
DM/sFr 58,-/öS 448,-
ISBN 3-7243-0298-3

Kenneth McKenney /
div. Fotografen
MEXIKO
288 Seiten mit 283 Farbfotos,
17 s/w-Abb.,
DM/sFr 68,-/öS 498,-
ISBN 3-7243-0301-7

Max Schmid / Stephan Fennel
NORDWEST USA
Orgeon, Wahington, Idaho
200 Seiten mit 169 Farbfotos,
Karte · DM 68,-/öS 498,-/sFr 63,-
ISBN 3-7243-0335-1

Elke und Dieter Losskarn
NAMIBIA
Spektrum-Format
216 Seiten mit 160 Farbfotos
(60 doppelseitige Farbtafeln)
Karte
DM98,-/sFr 90,-/öS 715,-
ISBN 3-7243-0337-8

Kenneth McKenney
AUSTRALIEN
288 Seiten mit 240 Farbfotos,
23 s/w-Abb., DM/sFr 68,-/öS 498,-
ISBN 3-7243-0299-1

Christian Prager/H.-P.Stoffel
NEUSEELAND
200 Seiten mit 162 Farbfotos, 37 s/w-Abb.,Karte,
DM 58.-/sFr 55.-/öS 424,-
ISBN 3-7243-0328-9

USA individuell

Jamie Jensen, Kay Dohnke
ROADTRIP USA - Auf Amerikas Nebenstraßen von Ost nach West

Paperback, 20 x 14,8 cm,
478 Seiten, teils farbig,
Karten, Serviceteil
DM 49,90/öS 365,–/sFr 47,–
ISBN 3-7243-0341-6

Stephan Fennel (Herausgeber)
ÜBERNACHTEN MIT STIL – Die schönsten Country-Inns und Bed & Breakfast der USA

Paperback, 20 x 14,8 cm
224 Seiten, teils farbig
Karten, Serviceteil
DM 29,90/öS 218,–/sFr 28,–
ISBN 3-7243-0343-2

Stephan Fennel (Herausgeber)
SMART SHOPPING GUIDE – Die besten Einkaufsadressen der USA

Paperback, 20 x 14,8 cm
208 Seiten, teils farbig,
Karten, Serviceteil
DM 29,90/öS 218,–/sFr 28,–
ISBN 3-7243-0348-3

Christopher und Stephan Fen
INFO GUIDE USA – Das sollten Sie wissen...

Paperback, 20 x 14,8 cm,
208 Seiten, teils farbig
Karten, Serviceteil
DM 29,90/öS 218,–/sFr 28,–
ISBN 3-7243-0342-4

Christiane Bird
NEW YORK GUIDE - Der schnellste Überblick, die heißesten Tips, die besten Adressen
Aus dem Amerikanischen von Anna Maria Dahm

Paperback, 20 x 14,8 cm,
ca. 280 Seiten, durchgehend
zweifarbig, ca. 50 Fotos
und Zeichnungen, 18 Detailkarten,
Serviceteil, Register
DM 29,90/öS 218,–/sFr 28,–
ISBN 3-7243-0347-5

Jamie Jensen
ROADTRIP USA 2 - Auf den klassischen Routen von Nord nach Süd
Aus dem Amerikanischen übersetzt von Kay Dohnke

Paperback, 20 x 14,8 cm,
ca. 400 Seiten, durchgehend
zweifarbig, ca. 70 Fotos
und Zeichnungen, 60 Karten,
Serviceteil, Register
DM 49,90/öS 365,–/sFr 47,–
ISBN 3-7243-0345-9

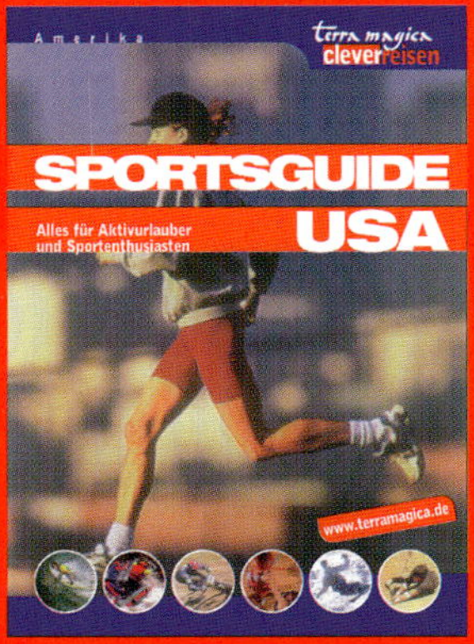

Frank Siering
SPORTS GUIDE USA - Für Aktivurlauber, Besucher und Sportenthusiasten

Paperback, 20 x 14,8 cm,
ca. 200 Seiten, durchgehend
zweifarbig, ca. 30 Fotos,
Karten, Serviceteil, Register
DM 29,90/öS 218,–/sFr 28,–
ISBN 3-7243-0344-0

Anna Maria Dahm
MIT KINDERN IN DIE USA Vergnügungsparks und Reso für Fun-Urlaubsreisen

Paperback, 20 x 14,8 cm,
ca. 200 Seiten, teils farbig,
ca. 30 Fotos, Karten,
Serviceteil, Register
DM 29,90/öS 218,–/sFr 28,–
ISBN 3-7243-0346-7

terra magica clever reisen

terra magica clever reisen

Totempfahl in Haines

nächste Doppelseite: *Sonnenuntergang am Mount McKinley*